First published in the United States under the title:
EVERYTHING YOU NEED TO ACE COMPUTER SCIENCE AND CODING IN ONE
BIG FAT NOTEBOOK:
The Complete Middle School Study Guide
Copyright © 2020 by Workman Publishing Co., Inc.
Writer: Grant Smith
Illustrator: Chris Pearce
Designer: Abby Dening
Concept by Raquel Jarmillo

All rights reserved.
This Korean edition was published by Woorischool in 2021 by arrangement with Workman
Publishing Co., Inc., New York through KCC(Korea Copyright Center Inc.), Seoul.

이 책은 (주)한국저작권센터(KCC)를 통한 저작권자와의 독점계약으로 (주)우리학교에서 출간되었습니다.
저작권법에 의해 한국 내에서 보호를 받는 저작물이므로 무단전재와 복제를 금합니다.

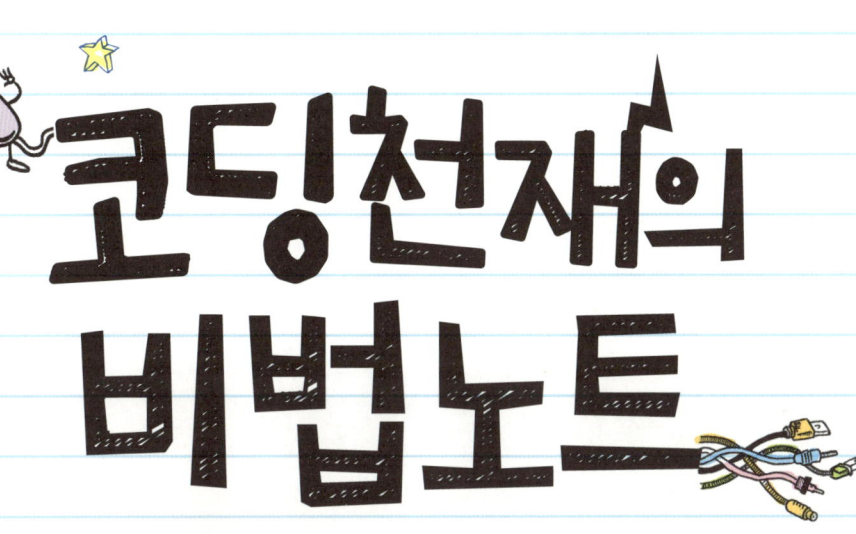

코딩천재의 비법노트

1단계
컴퓨터 시스템
데이터 분석

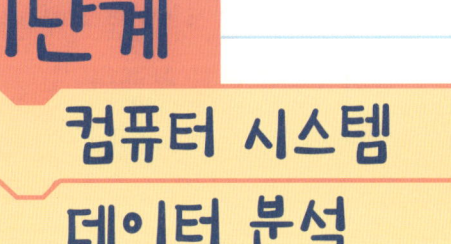

브레인 퀘스트 지음 | 배장열 옮김

우리학교

코딩과 친해지는 가장 완벽한 방법

안녕?

지금부터 너에게만 내 코딩 비법노트를 보여 줄게. 아참, 내가 누구냐고? 내 입으로 말하기는 좀 낯스럽지만 사람들은 나를 천재라고 불러. 특히 코딩을 아주 잘해서 '코딩천재'라는 소리를 많이 듣지.

『코딩천재의 비법노트: 1단계: 컴퓨터 시스템·데이터 분석』에서는 컴퓨터과학과 컴퓨터, 컴퓨터로 하는 데이터 수집과 분석 방법, 알고리듬과 프로그래밍에 대해 배울 거야. 모두 코딩천재가 되기 위해 필요한 것들이지. 컴퓨터과학을 이해하고 코딩의 기초를 쌓는 데도 정말 중요해.

비법노트 활용법!
- 주요 단어는 **노란색 형광펜**으로 덧칠했어.
- 단어 뜻 설명은 상자 안에 넣었어.
- 주요 인물과 장소, 날짜, 용어는 파란색 글씨로 표시했어.
- 핵심 개념에는 다양한 색으로 밑줄을 그었어.
- 중요한 개념은 한눈에 알 수 있도록 그림이나 그래프, 도표 등으로 나타냈어.

만약 코딩 수업이 어렵거나 코딩 프로젝트에 문제가 생긴다면 이 노트가 네게 도움이 될 거야. 컴퓨터과학의 중요한 모든 핵심을 담았고, 스크래치와 파이썬, 웹 개발의 기초를 정리했거든.
정말 유용한 노트겠지?
잊어버린 내용을 다시 찾아볼 때나 수업 시간에 배운 내용을 복습할 때, 혼자서 학습할 때도 이 노트는 꼭 필요할 거야.

컴퓨터 시스템

- 비법노트 1장   컴퓨터과학은 어떤 학문일까? 10
- 비법노트 2장   컴퓨터란 무엇일까? 21
- 비법노트 3장   우리는 컴퓨터와 어떻게 상호 작용을 할까? 35

데이터와 분석

- 비법노트 4장   정보 저장하기 46
- 비법노트 5장   정보 수집하기와 사용하기 63

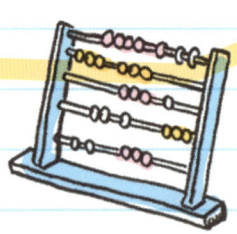

 컴퓨터 시스템 설계하기

비법노트 6장   컴퓨터 시스템 설계하기 74

비법노트 7장   테스트하기 81

비법노트 8장   문서화하기 89

비법노트 9장   피드백 종합하기 95

비법노트 10장 협업하기 101

 알고리즘과 프로그래밍

비법노트 11장 알고리즘 사용하기 114

비법노트 12장 프로그래밍 언어 123

비법노트 13장 컴퓨팅 사고 141

 찾아보기 150

컴퓨터 시스템

비법노트 **1**장

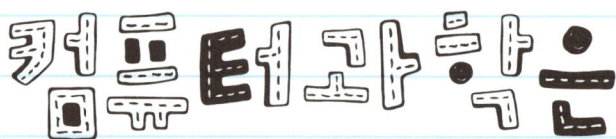

어떤 학문일까?

컴퓨터는 정보를 저장하고 처리하는 장치야. 정보를 처리한다는 건은 정보를 수정하거나, 다른 곳으로 옮기거나, 다시 만든다는 뜻이지. 컴퓨터는 복잡한 계산을 쉽게 할 수 있고, 엄청난 양의 정보를 새롭게 구성하거나 저장할 수도 있어.

컴퓨터과학은 이런 컴퓨터를 연구하고, 컴퓨터 기술을 이용해 문제 해결 방법을 연구하는 학문이야. 구체적으로는 **컴퓨터 시스템**, 프로그래밍 규칙, 데이터 분석, 네트워킹, 인터넷 등을 연구하고, 컴퓨터가 우리 삶에 어떤 영향을 주는지 연구하는 학문이라고 할 수 있어. 컴퓨터는 수많은 정보를 저장하고 공유할 때, 복잡한 계산을 빠르게 풀 때, 무언가를 배울 때 우리 인간보다 훨씬 나아.

> **컴퓨터 시스템**
> 컴퓨터가 작동하는 데 필요한 두 가지를 합쳐 부르는 말이야. 우리가 직접 보고 만질 수 있는 하드웨어와 프로그램이라고도 부르는 소프트웨어를 뜻하지.

컴퓨터과학자들은 컴퓨터의 능력을 이용해 우리 삶을 더 풍요롭게 만드는 새로운 기술을 개발하고 있어.

컴퓨터 기술은 우리의 삶과 사고방식에 영향을 줘. 우리는 컴퓨터 기술을 이용해 우리 앞에 닥친 문제를 해결할 수 있고, 우리 삶을 더 편하게, 더 재미있게, 더 안전하게 바꿀 수도 있어. 예를 들어 볼까?

컴퓨터를 이용하면:

★ 우주선을 달이나 화성까지 보낼 때 궤도를 계산할 수 있어.

★ 로봇 의사를 만들어 인간 의사와 함께 정밀한 수술을 할 수 있어.

★ 영화나 비디오 게임에 현실감 넘치는 시각 효과나 사운드 효과를 넣을 수 있어.

컴퓨터과학자들은 문제를 해결하기 위해 컴퓨터 기술을 이용하고 필요하다면 새로운 기술을 만들어. 그리고 문제를 더 쉽고 빠르게 해결하기 위해 컴퓨터를 프로그래밍해. 컴퓨터과학자가 된다는 건은 **소비자**(사용자)에서 **생산자**(크리에이터)가 된다는 뜻이야.

컴퓨터과학은 일종의 문제 해결이라고 할 수 있어. 컴퓨터와 그 설계, 정보 처리 방식을 연구하는 학문이지.

컴퓨터과학으로 할 수 있는 일과 할 수 없는 일은 무엇일까?

컴퓨터과학이 할 수 있는 일	컴퓨터과학이 할 수 없는 일
• 재미있는 고양이 동영상을 공유할 수 있는 스마트폰 앱(애플리케이션 또는 프로그램) 만들기 • 비디오 게임 만들기	• 유튜브로 고양이가 세발자전거를 타는 동영상 보기 • 비디오 게임 하기

컴퓨터과학이 할 수 있는 일	컴퓨터과학이 할 수 없는 일
• 수학 숙제를 해 주는 프로그램 만들기 • 친구들 사진에 멋진 댓글을 자동으로 달아 주는 프로그램 만들기	• 학교 컴퓨터 실습실에서 수학 숙제하기 • 친구들이 인터넷에 올린 최신 사진에 댓글 달기

컴퓨터과학으로 할 수 없다고 한 일들은 모두 기술을 이용만 하는 예이고, 할 수 있다고 한 일들은 새로운 기술을 만들어 내는 예야.

네가 직접 앱을 만들어 보면 어떨까?

컴퓨터과학의 다섯 가지 개념 분야

컴퓨터과학은 크게 다섯 가지 개념 분야로 나눌 수 있어.

1. 컴퓨터 시스템

컴퓨터 시스템은 프로그램을 실행하고 정보를 처리하는 기계야. 데스크톱 컴퓨터나 랩톱(노트북), 스마트폰 등이 대표적인 컴퓨터 시스템이지. 전자 장치는 대부분 **프로그램**으로 작동되는데, 그 안에는 작은 컴퓨터가 들어 있어. 식기세척기나 텔레비전, 스마트워치가 모두 그런 식으로 작동해. 심지어 컴퓨터가 내장된 전구도 있어.

2. 알고리즘과 프로그래밍

컴퓨터한테 어떤 일을 해야 할지 알려 주는 프로그램을 만드는 게 바로 **알고리즘**과 프로그래밍 분야야. 프로그램은 수많은 명령을 따르기 때문에 사파리나 크롬, 로블록스(Roblox)처럼 엄청 복잡해지기도 해. 하지만 "Hello, World" 메시지만 출력하는 아주 간단한 프로그램도 있어.

> **프로그램**
> 컴퓨터가 이해할 수 있는 코드로 변환된 명령어 (instruction) 모음

> **알고리즘**
> 작업을 어떻게 끝내는지 알려 주기 위해 인간의 언어로 작성한 단계

프로그램 작성 과정은 두 단계로 나눌 수 있어.

1단계: 컴퓨터한테 시킬 일의 순서대로 단계별 리스트를 작성해.

알고리즘

2단계: 1단계에서 작성한 단계별 리스트를 컴퓨터가 이해할 수 있는 언어(코드)로 바꿔.

프로그래밍

컴퓨터는 별로 똑똑하지 않아.
그저 지시받은 대로만 일하거든.

3. 데이터와 분석

데이터와 **분석**은 우리가 데이터의 의미를 이해하는 데 도움이 되는 사실들을 수집하고, 저장하고, 조직해 데이터를 연구하는 분야를 가리켜. 예를 들어 성격 검사 프로그램을 이용해 "혼자서 게임을 하는 것보다 친구들과 어울리는 것을 더 좋아하니?" 또는 "한가할 때는 무엇을 하니?" 같은 질문의 답을 수집해서 저장하고 연구하면 어떤 사람의 성격을 이해할 수 있어. 비디오 게임에서 점수를 저장해 누가 이겼는지 또는 누가 가장 높은 점수를 냈는지 알 수 있도록 하는 것도 데이터를 사용하는 확실한 예야.

컴퓨터는 엄청난 양의 데이터를 저장, 공유, 계산할 수 있어. 그래서 데이터를 분석하는 데는 최고야.

> **데이터**
> 관찰이나 실험, 조사로 얻은 사실이나 정보

> **분석**
> 데이터를 구성하거나 나타내고 이해하는 것

4. 네트워크와 인터넷

네트워크는 랩톱이나 서버 같은 컴퓨터 장치들이 서로 연결된 망이야. 네트워크로 연결된 컴퓨터는 서로 정보를 공유하고, 프린터 같은 자원도 공유할 수 있어. 수백만 대의 컴퓨터가 연결된 전 세계적인 네트워크가 바로 **인터넷**이야. 네트워크나 인터넷을 연구하면 장치들 사이에서 정보를 더 효율적이고 안전하게 공유할 수 있는 방법을 알아낼 수 있어.

5. 컴퓨터의 영향력

컴퓨터의 영향력을 이해하려면 컴퓨터가 우리 생활과 문화, 안전과 법, 행동을 어떻게 바꾸고 있는지 살펴봐야 해. 새로운 기술을 끊임없이 개발한다고 해서 컴퓨터의 영향력을 가늠할 수는 없거든. 그보다 우리는 새로운 기술이 우리 삶에 어떤 영향을 주는지 생각해야 해.
예를 들어 다른 사람의 휴대폰을 해킹해 사진을 몽땅 지울 수 있는 프로그램을 만든다면 어떻게 될까?

생각해 볼 질문

- 해킹으로 피해를 입은 사람은 생활에 어떤 영향을 받을까?

- 해킹 프로그램을 사용하지 못하도록 금지하는 법이 있을까?

- 해킹 프로그램을 직접 사용하지 않고 공유만 하는 건도 잘못일까?

- 새로운 기술로 우리의 삶은 더 나아질까 아니면 더 나빠질까?

1. 컴퓨터과학이 무엇인지 말해 보자.

2. 다음 중 컴퓨터 시스템과 거리가 먼 것은 무엇일까?
    A. 스마트폰
    B. 최신형 텔레비전
    C. 책
    D. 전자책 단말기

3. 프로그램이란 무엇일까? 그리고 컴퓨터에 프로그램이 필요한 이유는 무엇일까?

4. 다음 중 컴퓨터과학에 대한 설명이 아닌 것은 무엇일까?
    A. 컴퓨터과학은 어떻게 하면 알고리듬을 이용해 상품을 더 빠르게 배송할 수 있는지 같은 흥미로운 질문을 파헤쳐.
    B. 컴퓨터과학은 문제를 해결하기 위해 컴퓨터 시스템을 만들어.
    C. 컴퓨터과학은 컴퓨터 게임을 만들어.
    D. 컴퓨터과학은 새로운 컴퓨터 기술이 사람들한테 어떤 부정적인 영향을 주는지 연구해.

5. 컴퓨터 시스템이란 무엇일까? 컴퓨터 시스템의 예를 들어 보자.

6. 컴퓨터과학자들이 식량을 더 많이 생산할 수 있는 시스템을 만들었다면, 이런 발전은 컴퓨터과학의 다섯 가지 개념 분야 중 무엇과 가장 밀접한 관계가 있을까?

7. 컴퓨터의 소비자와 생산자는 무엇이 다를까?

8. 서로 연결된 컴퓨터를 무언이라고 부를까?

9. 학생들의 시험 성적을 분석해 학급 전체를 평가하는 건 컴퓨터과학 개념 분야 중 무엇일까?

10. 알고리듬이 무엇인지 설명해 보자.

정답

1. 컴퓨터과학은 컴퓨터를 이용해 문제를 해결하는 학문이다.

2. C

3. 프로그램은 컴퓨터가 이해할 수 있는 언어로 변환된 명령어들의 모음이다. 프로그램이 없다면 컴퓨터는 우리가 시키는 일을 이해하지 못할 것이다.

4. C

5. 컴퓨터 시스템은 하나 또는 여러 대로 구성된 컴퓨터 장치이다. 랩톱이나 태블릿 등 프로그램으로 작동하는 장치들이 그 예이다.

6. 우리 삶에 어떤 장점으로 작용하는지에 초점을 맞춘 분야는 컴퓨터의 영향력이다.

7. 소비자는 프로그램이나 콘텐트를 이용만 하고, 생산자는 소비자가 이용할 수 있는 콘텐트를 만든다.

8. 네트워크 또는 컴퓨터 네트워크

9. 데이터와 분석

10. 알고리듬은 컴퓨터한테 작업을 어떻게 끝내는지 알려 주기 위해 인간의 언어로 작성한 단계이다.

비법노트 **2**장

컴퓨터란 무엇일까?

컴퓨터는 아주 많은 양의 데이터를 저장하고 공유하고 분석해. 그리고 복잡한 수식을 계산하지.

> USB도 사진 같은 정보를 저장할 수는 있지.
> 하지만 USB를 컴퓨터라고 부르지는 않아.
> USB 자체가 정보를 변경할 수 없거든.

컴퓨터의 역사

수천 년 전 사람들은 복잡한 수식을 쉽게 계산하기 위해 **주판**을 만들었어.

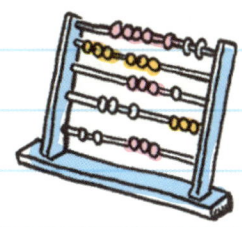

1600년대에는 컴퓨팅(계산)을 하는 직업이 생겼고,

'계산하는 사람'이라는 뜻을 가진 컴퓨터라는 말도 생겨났지. 사람 컴퓨터는 **계산자**라는 도구를 이용해 계산했어.

제2차 세계 대전이 한창이던 1944년에는 최초의 전자식 컴퓨터 '콜로서스 마크 1(Colossus Mark 1)'이 개발됐어. 이 컴퓨터는 영국 정부가 독일의 암호를 해독하는 데 사용했어.

이게 그 큰 컴퓨터구나.

1945년에는 콜로서스 마크 1보다 더 빠른 컴퓨터 '**에니악(ENIAC)**'이 개발됐어.

> **에니악**
> Electronic Numerical Integrator And Calculator의 앞 글자를 땄어.
> 프로그래밍을 할 수 있는 최초의 전자식 디지털 컴퓨터야.

토탕기 컴퓨터들은 사무실 전체를 차지할 만큼 크기가 무척 컸지. 이런 컴퓨터는 대기업이나 정부, 연구소 등에서 사용했어.

퇴토로 대량 생산된 개인용 컴퓨터는 '애플 II'였어. 1977년에 출시됐지. 사용자들은 애플 II로 간단한 프로그램을 실행하거나 게임을 즐겼어.

요즘 컴퓨터는 정말 작고 어디에나 있어. 우리 손에도 있지. 맞아, 스마트폰도 컴퓨터야.

- 스마트폰은 프로그램을 실행할 수 있어. 문자 메시지나 사진, 지도 등이 프로그램이지.

- 스마트폰은 정보를 저장할 수 있어. 사진이나 연락처, 다양한 문서 등이 다 정보야.

- 스마트폰은 계산을 할 수 있어. 계산기로도 할 수 있고, 시계/스톱워치나 지도로도 계산할 수 있지.

> 스마트폰은 1969년 유인 달 탐사선을 쏘아 올린 컴퓨터보다 훨씬 뛰어난 성능을 가지고 있어.

컴퓨터의 부속품

컴퓨터는 크게 두 부분으로 나눌 수 있어. 바로 **하드웨어**와 **소프트웨어**야.

하드웨어

하드웨어는 컴퓨터의 물리적인 부속품이야. 키보드나 마우스, 화면 등이 대표적이지. 컴퓨터 시스템에서 어느 것이 하드웨어인지 쉽게 구분할 수 있는 방법이 있어. 보고 만질 수 있는 것이 바로 하드웨어야.

소프트웨어

소프트웨어는 컴퓨터한테 할 일을 알려 주는 프로그램(명령어)을 가리키는 말이야. 한글 오피스나 화상 회의 프로그램인 줌 등이 소프트웨어지. 소프트웨어는 종류가 무척 다양해. 게임기로 즐기는 게임도 소프트웨어이고, 전자레인지를 작동시키는 프로그램이나 휴대폰 속 웹 브라우저도 소프트웨어야. 소프트웨어는 하드 드라이브나 USB 드라이브, CD 같은 저장 장치(하드웨어)에 저장돼.

> **애플리케이션(앱)**은 사용자가 구체적인 일, 예를 들어
> 사진 찍기 같은 일을 할 수 있도록 설계된 프로그램이야.
> 모든 애플리케이션은 프로그램이지만 프로그램이 모두
> 애플리케이션은 아니야. 프로그램 중에는 사용자가 아니라
> 컴퓨터에만 사용하도록 설계된 것도 있거든.

하드웨어 자세히 들여다보기

하드웨어는 입력 장치, 저장 장치, 처리 장치, 출력 장치로 구분할 수 있어.

입력 장치

입력 장치는 컴퓨터에 정보를 보낼 때 사용해.
키보드나 마우스, 게임 컨트롤러, 웹캠 등이 입력 장치야.

저장 장치

저장 장치는 정보를 저장할 때 사용해.

하드디스크, **USB 플래시 드라이브**, CD, **램(RAM)** 등이 저장 장치야.

USB(Universal Serial Bus) 플래시 드라이브
섬 드라이브(thumb drive)라고 부르기도 하고 USB 스틱이라고 부르기도 하는데, 정보를 저장하는 휴대 장치야.

RAM(Random Access Memory)
정보가 저장되는 기억 장치의 한 종류야.

처리 장치

처리 장치는 프로그램을 실행하거나 입력을 해석하고 출력을 제공하는 부속품이야. 대개 중앙 처리 장치와 그래픽 처리 장치로 나뉘어.

중앙 처리 장치(CPU, Central Processing Unit)

한마디로 컴퓨터의 두뇌야. 다른 하드웨어와 소프트웨어가 내린 명령을 실행해. 메인 메모리와 제어 장치, 산술 논리 장치로 구성되지.

그래픽 처리 장치(GPU, Graphics Processing Unit)

그래픽을 도맡아 처리하는 장치야. 그래픽은 사진이나 애니메이션, 동영상 같은 이미지를 통틀어 부르는 말이지. GPU가 이미지와 애니메이션, 동영상 등을 화면으로 보여 주는 거야. 좋아하는 컴퓨터 게임을 최상의 품질로 즐기고 싶다면 그래픽을 빠르고 선명하게 처리하는 고성능 GPU가 필요해.

> 비유하자면 CPU는 이런저런 과목을 다 잘하는 '전교 1등'이고, GPU는 어떤 한 과목만 특출하게 잘하는 '능력자'와 같아. 그러니까 CPU는 우리가 하는 작업들을 두루두루 맡는 반면, GPU는 화면에 표시할 정보를 빠르게 처리하는 일만 맡아. 처음에는 이 일도 CPU가 맡았는데 컴퓨터 기술이 발전하면서 GPU가 전문적으로 맡게 됐어.

출력 장치

출력 장치는 사용자에게 정보를 보낼 때 사용돼. 프로젝터나 모니터, 프린터, 스피커, 헤드폰 등이 다 출력 장치야.

지금까지 말한 하드웨어 장치들은 서로 함께 작동해. 사용자가 데이터(정보)를 입력하면 입력 장치를 거쳐 처리 장치로 이동한 다음 저장 장치에 저장되거나 사용자에게 출력돼.

터치스크린은 입력 장치일까, 출력 장치일까? 둘 다야!

이 과정은 음식 소화 과정과 비슷해. 음식을 입에 넣으면 처리하고, 저장한 후 몸 밖으로 내보내지.

입력 → 처리/저장 → 출력

소프트웨어 자세히 들여다보기

애플리케이션 소프트웨어

애플리케이션 소프트웨어(앱)는 사용자가 일을 할 수 있도록 해 주는 프로그램이야.

'앱'은 애플리케이션을 줄인 말이야.

워드 프로세서라든가 인터넷 브라우저, 게임 등이 모두 앱이야. 스마트폰의 앱 스토어도 앱이라고 할 수 있어. 앱은 종류가 무척 다양해. 그래서 프로그래머들도 대부분 어느 한 분야만 전문적으로 개발하지.

예를 들어

★ 웹 개발자는 웹 사이트에서 실행되는 앱을 만드는 프로그래머야.

★ 모바일 개발자는 스마트폰이나 태블릿 같은 모바일 장치에서 실행되는 앱을 만드는 프로그래머야.

★ 게임 개발자는 앱 비디오 게임을 개발하는 프로그래머야.

시스템 소프트웨어

시스템 소프트웨어는 하드웨어 장치들이 하나의 장치인 것처럼 함께 작동하게 하고, 다른 프로그램들이 올바로 작동하게 하는 프로그램이야. 랩톱에 사용되는 윈도나 아이폰에 사용되는 iOS 같은 **운영 체제**가 대표적인 시스템 소프트웨어지. 운영 체제는 백그라운드에서 실행돼. 다시 말해 운영 체제가 무엇을 하는지 화면으로는 볼 수 없다는 뜻이야. 운영 체제가 백그라운드에서 실행되기 때문에 게임이나 소셜 미디어 같은 앱을 스마트폰에 설치할 수 있는 거야.

앱은 시스템 소프트웨어 없이 실행될 수 없어. 앱 소프트웨어는 사용자가 어떤 구체적인 작업을 할 수 있게 해 줘.

> **운영 체제**
> 백그라운드에서 하드웨어와 소통하며 다른 프로그램이 실행되도록 하는 프로그램

하드웨어와 소프트웨어는 그 자체만으로 쓸모 있지는 않아.
전체 시스템에서 서로 힘을 합쳐야만 유용한 도구가 되는 거야.
아래와 같은 예들처럼 말이야.

하드웨어		소프트웨어		최종 결과
카메라	+	사진 앱	=	셀카를 찍을 수 있는 휴대폰
키보드+프린터	+	워드 프로세서 프로그램	=	파티 초대장 프린트
자동차 + 센서 + 카메라	+	내비게이션 프로그램	=	자율 주행차

퀴즈

1. 하드웨어와 소프트웨어의 다른 점은 무엇일까?

2. 컴퓨터란 무엇일까?

3. 하드웨어와 그 종류를 연결해 보자.

   A. 텔레비전 화면 • • 처리 장치
   B. CPU • • 입력 장치
   C. 키보드 • • 출력 장치
   D. USB 플래시 드라이브 • • 저장 장치

4. CPU와 GPU의 다른 점은 무엇일까?

5. 최신 스마트폰과 초기 컴퓨터의 비슷한 점과 다른 점을 말해 보자.

6. 시스템 소프트웨어와 앱 소프트웨어의 다른 점은 무엇일까?

정답

1. 하드웨어는 컴퓨터의 물리적인 부속품이고, 소프트웨어는 컴퓨터가 실행하는 코드나 프로그램이다.

2. 컴퓨터는 정보를 저장하고 처리하는 장치이다.

3. A. 텔레비전 화면 — 출력 장치
   B. CPU — 처리 장치
   C. 키보드 — 입력 장치
   D. USB 플래시 드라이브 — 저장 장치

4. 컴퓨터의 두뇌 역할을 하는 CPU는 프로그램들을 실행하고, GPU는 화면에 표시할 정보를 도맡아 처리한다.

5. 스마트폰은 초기 컴퓨터들처럼 소프트웨어와 하드웨어를 필요로 하고 입력 장치와 출력 장치, 저장 장치, 처리 장치로 구성된다. 하지만 스마트폰은 초기 컴퓨터들보다 성능이 훨씬 강력하고 크기는 아주 작다.

6. 시스템 소프트웨어는 하드웨어 장치들이 하나의 장치인 것처럼 함께 작동하도록 하고, 다른 프로그램들이 올바로 작동하게 한다. 앱 소프트웨어는 사용자가 어떤 구체적인 작업을 할 수 있도록 하는 프로그램이다.

우리는 컴퓨터와 어떻게 상호 작용을 할까?

기술이 발전하면서 컴퓨터 사용이 훨씬 쉬워졌어. 하지만 컴퓨터를 사용할 때 생기는 문제가 완전히 없어진 건은 아니야. 지금도 컴퓨터에 문제가 생기면 우리가 직접 해결해야 해.

인간-컴퓨터 상호 작용

사용자 인터페이스(UI, User Interface)는 컴퓨터가 작동하는 데 필요한 컴퓨터 시스템의 모든 요소를 가리키는 말이야. 예를 들어 스마트폰에서 비디오 게임을 즐기기 위한 UI는 터치스크린과 스피커 또는 헤드폰, 게임 화면의 메뉴, 버튼, 그래픽 등이야.

흔히 '구이'라고 읽는 **그래픽 사용자 인터페이스(GUI, Graphical User Interface)**는 화면을 밋밋한 텍스트 대신 예쁜 아이콘 같은 그래픽으로 구성하는 UI야. GUI는 컴퓨터에 대한 지식이 없는 일반 사용자들도 쉽게 사용할 수 있는 방법이지. 요즘 UI는 대부분 GUI야.

명령행 인터페이스(CLI, Command-Line Interface)는 오로지 텍스트만으로 컴퓨터를 작동시키는 UI야. 이런 UI는 사용하기 어려워. 명령을 일일이 정확하게 입력해야 하거든. 일반 사용자라면 CLI를 사용할 일이 거의 없을 거야. 하지만 컴퓨터과학자가 되려면 미리 배워 두어야 해.

인간-컴퓨터 상호 작용(HCI, Human-Computer Interaction)은 우리가 컴퓨터를 더 쉽고 효율적으로 사용하는 방법을 연구하는 컴퓨터과학의 한 분야야. 눈이나 귀가 불편한 사람들도 컴퓨터를 쉽게 사용할 수 있는 UI를 만드는 것이 HCI가 하는 일이지.

> 컴퓨터나 스마트폰의 '접근성' 또는 '손쉬운 사용' 같은 설정에서 화면에 표시되는 텍스트를 음성으로 읽어 주는 기능이 바로 HCI야.

예를 들어 스마트폰에는 대부분 '스크린 리더' 기능이 있어. 이 기능을 켜면 시력이 약한 사람들도 스마트폰을 쉽게 사용할 수 있어.

> 화면에 표시되는 텍스트를 읽어 주는 프로그램

문제 해결(troubleshooting)하기

문제 해결하기는 체계적인 단계별 접근 방식에 따라 컴퓨터 시스템이나 소프트웨어의 오류를 바로잡는 과정이야. 또는 소프트웨어의 디버깅 프로그램을 가리키기도 해.

체계적인 단계별 접근 방식이란 샌드위치를 만드는 레시피처럼 정해진 계획이나 과정을 단계별로 따르는 걸 말해. 예를 들어 컴퓨터가 켜지지 않을 때는 우선 전원이 연결되어 있는지부터 살펴봐야 해. 전원에 문제가 없다면 그다음에는 컴퓨터 내부의 전원 연결 부위를 모두 점검해야 하지. 체계적인 단계별 접근 방식의 장점은 문제 해결 과정을 반복하면서 놓친 부분은 없는지 꼼꼼하게 확인할 수 있다는 거야.

> 젤리가 어디로 갔지?

디버깅은 프로그램에 있을 수 있는 '버그', 즉 오류를 찾아 수정하는 과정이야. 다시 말해 프로그래밍할 때 사용되는 구체적인 문제 해결 방식이지. 버그는 철자가 틀려서 생길 수도 있고, 프로그래밍 언어의 규칙이나 형식을 지키지 않아서 생길 수도 있어.

문제 해결 전략

문제를 찾아 해결할 때 아래와 같은 전략을 쓰면 효과적이야.

- 제대로 작동하는 다른 컴퓨터의 장치로 바꿔 끼워 봐. 모니터나 키보드, 심지어는 하드디스크나 메인보드, 전원 공급 장치까지도 바꿔 보는 거야.

- 문제를 추적하기 위한 다이어그램을 그려 봐. 컴퓨터의 구성 요소 전체를 다이어그램으로 그려 보는 거지. 이때 각 부속품이 서로 어떻게 연결되어 있는지도 함께 그리면 문제 해결에 더더욱 집중할 수 있어.

- 하드웨어에 문제가 없다면 소프트웨어를 살펴봐. 소프트웨어 업데이트에 버그가 있을 수 있어. 그럴 때는 이전 버전으로 돌아가야 해. 아니면 최신 드라이버를 설치하는 방법도 있어. 드라이버는 컴퓨터와 특정 하드웨어가 어떻게 상호 작용하는지 컴퓨터에 알려 주는 일종의 프로그램이야.

- 소프트웨어의 설정이나 호환성을 점검해 봐. 어떤 소프트웨어는 특정 하드웨어에서만 작동해. 아이폰 앱을 안드로이드폰에 설치할 수 없는 것처럼 말이야.

- 때로는 혼자 해결하기 벅찬 문제가 생기기도 해. 그럴 때는 문제 해결 경험이 많은 사람에게 도움을 받아 봐. 인터넷에는 온갖 종류의 컴퓨터 문제를 해결했던 사람들이 자신의 지식을 정리해 둔 웹 사이트가 많아. 그런 곳에 있는 정보를 검색해 보는 것도 좋은 방법이야.

1. 문제 해결이란 무엇일까?

2. 다음 중 문제 해결 전략이 아닌 것은 무엇일까?
    A. 동이에 접근 단계 써 보기
    B. 다른 사람에게 도움 받기
    C. 컴퓨터 교체하기
    D. 한 번에 하나씩 부속품 바꿔 보기

3. 체계적인 단계별 접근이란 무엇이고, 왜 유용할까?

4. 컴퓨터가 켜지지 않는다면 다음 단계 중 가장 먼저 해야 할 일은 무엇일까?
    A. 컴퓨터 분해하기
    B. 전원 케이블이 제대로 연결되었는지 점검하기
    C. 서비스센터에 가져가기
    D. 있는 힘껏 키보드의 키 누르기

5. 디버깅이란 무엇일까?

6. 문제 해결하기와 디버깅의 다른 점은 무엇일까?

7. 컴퓨터의 사용자 인터페이스(UI)를 연구하는 컴퓨터과학의 학문 분야는 무언일까?

8. 아이패드로 게임을 즐길 때 사용하는 UI는 무언일까?

9. 좋은 UI란 무언일까?

정답

1. 문제 해결이란 체계적인 단계별 접근법을 이용해 문제를 해결하는 것이다.

2. C

3. 체계적인 단계별 접근이란 정해진 계획이나 과정을 단계별로 따르는 것을 말한다. 문제 해결 과정을 꼼꼼하게 확인할 수 있어 유용하다.

4. B

5. 디버깅이란 프로그램의 오류를 찾아 해결하는 것이다.

6. 문제 해결은 체계적인 단계별 접근 방식에 따라 컴퓨터 시스템이나 소프트웨어의 오류를 바로잡는 일반적인 과정이고, 디버깅은 구체적으로 프로그램(코드)에서 문제를 찾아 수정하는 과정이다.

7. 인간-컴퓨터 상호 작용(HCI)

8. 그래픽 사용자 인터페이스(GUI)

9. 어떤 사용자든 쉽게 사용할 수 있는 게 좋은 UI이다.

데이터와 분석

데이터가 최고지!

비법노트 **4**장

정보 저장하기

정보화 시대

인류는 석기 시대와 암흑시대, 그리고 산업 시대를 지나왔어. 우리가 살고 있는 요즘 시대는 정보화 시대라고 불러. 손으로 물건을 만들던 이전 시대들과 달리 지금은 정보 기술이 바탕이 되는 지식이 중요해졌기 때문이야.

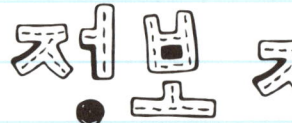

 과거

우리는 정보 기술을 이용하는 새로운 방법들을 찾아냈어. 그리고 찾아낸 방법으로 새로운 정보를 계속 만들어 내고 있어.

컴퓨터는 <mark>정보 처리기</mark>야. 이 말은 정보를 받아 우리가 쉽게 사용할 수 있도록 만들어 준다는 뜻이지. 예를 들어 볼까?

- **지도** 앱은 위성으로부터 받은 정보를 처리해 우리가 목적지까지 가장 빠르게 갈 수 있는 길을 찾아 줘. 더구나 막히는 도로는 피할 수 있게 해 주지.

- **소셜 미디어** 앱(트위터, 인스타그램, 페이스북, 스냅챗 등)은 우리의 개인 정보(좋아하는 것, 과거 게시물 등)를 처리해 멋있는 프로필을 만들어 줘. 기업은 이를 이용해 우리에게 제품을 판매해. 개인 정보를 알면 어떤 제품을 판매할지 더 쉽게 예측할 수 있거든.

산업 시대 　　　정보화 시대 　　　미래

소셜 네트워크는 이용료가 없어. 그렇다고 무료라는 뜻은 아니야. 소셜 네트워크를 이용하는 대가로 이미 어마어마한 우리 정보를 넘겨주고 있거든.

- 자율 주행차는 정확하고 안전한 주행을 위해 엄청난 양의 정보를 수집하고 분석해. 자율 주행차는 물체를 구분하고 물체와의 거리를 측정하기 위해 여러 기술을 사용해. **레이다(RADAR)나 라이다(LIDAR)**, 자동차 외부에 달린 카메라에 기록된 영상으로 정보를 수집하지. 자동차의 하드디스크에 임시 저장된 정보는 다시 인터넷을 통해 강력한 중앙 컴퓨터로 전송돼. 그리고 인공 지능(AI, Artificial Intelligence)이 정보를 분석해. AI 프로그램은 정보를 서로 조합하고 우리 인간의 안전 운전 방식을 분석해 운전을 배워.

레이다(RADAR)
radio detection and ranging(전파 감지 및 범위 지정)의 앞 글자를 딴 거야.

라이다(LIDAR)
light detection and ranging(빛 감지 및 범위 지정)의 앞 글자를 딴 거야.

수집한 정보가 늘어날수록 더 나은 도구를 만들어 정보를 처리할 수 있어. 그리고 더 나은 결정을 내릴 수 있어. 이제 막 전학 온 친구보다 오래 알고 지낸 친구의 생일 선물을 고르는 것이 훨씬 더 쉽겠지? 친구에 대한 정보를 더 많이 알고 있으면 친구가 좋아할 선물을 쉽게 결정할 수 있는 것처럼 수집할 정보가 많으면 더 나은 결정을 내릴 수 있어.

데이터를 이용하는 컴퓨터

데이터란 그림이나 단어, 숫자 등이 아무렇게나 모여 있는 걸 말해. 그래서 아직은 어떤 의미를 나타내지 않아. 데이터가 나타내는 정보의 종류에 따라 여러 형태로 나눌 수 있어.

정보란 의미를 가지는 구조적 데이터를 말해. 데이터에 어떤 맥락이 더해지는 거야. 예를 들어 볼까?

설문 조사의 응답은 데이터이고, 응답의 평균값은 정보야.

입력 데이터는 컴퓨터에 입력된 비구조적 정보야.

출력 데이터는 컴퓨터가 입력 데이터를 처리해 만든 정보야.

> 컴퓨터의 처리 과정

입력 데이터	출력 데이터
비디오 게임에서 키보드 키나 화면 버튼을 누르는 것	화면 이곳저곳을 돌아다니는 캐릭터
소셜 미디어에서 댓글을 입력한다든가 사진, 동영상 등을 업로드하는 것	동영상이나 사진을 편집해 구성한 프로필

입력 데이터 ➡	출력 데이터
전자레인지 숫자판의 버튼을 누르는 것	정해진 시간 동안 조리되는 음식
그래프 프로그램에서 숫자를 입력하는 것	입력된 숫자에 따라 그려지는 그래프

데이터를 입력하면 컴퓨터는 이를 고유 형식으로 바꿔서 처리해. 예를 들어 그림은 수백만 개의 작은 점으로 쪼개지는데, 이 점들이 연속된 긴 코드로 기록되는 거야.

컴퓨터는 이 연속된 긴 **코드**를 처리해
사용자에게 출력 데이터로
보내. 출력 데이터를 그림으로 보여
주기 위해 컴퓨터는 이 연속된 긴
코드를 읽어 다시 그림으로 구성한 뒤
화면에 나타내. 작은 점 하나하나마다 하나의 색을 나타내는 거야.
마치 번호로 구분되는 갖가지 색의 페인트를
점 하나마다 칠하는 것과 같아.

> **코드**
> 기호와 문자, 숫자의 조합으로
> 무언가를 나타내는 체계

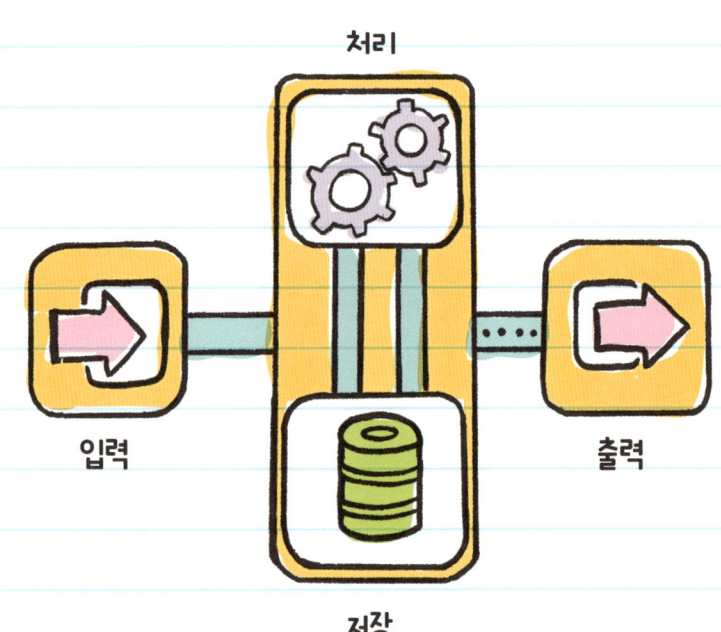

데이터 인코딩하기

데이터를 구성할 때는 컴퓨터가 이해할 수 있는 형식에 맞춰야 해. 이 과정을 **인코딩**이라고 하지. 컴퓨터가 데이터를 처리하려면 인코딩 과정을 거쳐야 해. 정보를 인코딩한다는 건 이미지나 동영상, 텍스트 등을 부호, 즉 코드로 변환한다는 뜻이야. 예를 들어 제2차 세계 대전 당시 **모스 부호** 교환원들은 메시지를 받아 점과 선으로 인코딩한 후 전신을 통해 보냈어.

> **모스 부호**
> 자음과 모음을 짧은 전류인 점과 긴 전류인 선으로 구성해 나타내는 방법

전기 신호를 이용하는 구식 통신 방식

정보를 **디코딩**한다는 건 부호, 즉 코드를 우리가 이해할 수 있는 형식으로 변환한다는 뜻이야. 모스 부호 교환원들은 점과 선으로 부호화된 메시지를 받아 다시 사람이 읽을 수 있는 영문으로 디코딩했어.

모스 부호 교환원

데이터 인코딩 방식은 컴퓨터가 이해할 수 있는 형식으로 정보를 나타내는 방법이야. 컴퓨터는 연속된 0과 1만 이해할 수 있거든. 데이터 인코딩 방식에는 몇 가지가 있어.

0과 1만 사용해 코드로 나타낸 걸 바이너리 코드라고 해(자세한 이야기는 뒤에서 다시 할게). 이미지, 소리, 동영상, 숫자, 색, 기호 등 우리가 사용하는 어떤 데이터든 인코딩 방식에 따라 0과 1의 바이너리 코드로 나타내야 컴퓨터가 이해하고 해석할 수 있어. 그리고 새로운 데이터도 만들 수 있지.

컴퓨터가 이미지를 저장하는 방식은 우리도 0과 1을 늘어세워 흉내 낼 수 있어. 0을 흰색 사각형으로 1을 초록색 사각형으로 나타내는 거야. 가로, 세로 다섯 개씩인 모눈종이 위에 간단하게 기린을 그려 볼게.

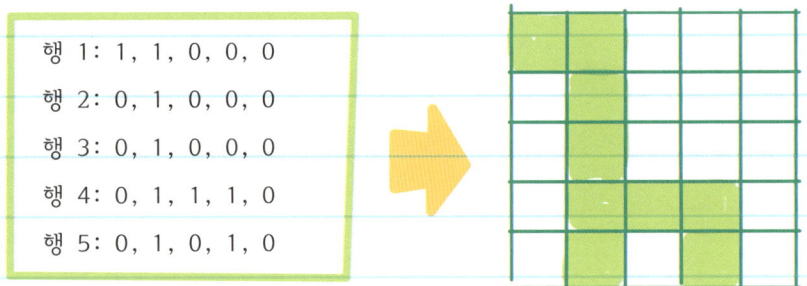

색 인코딩하기

색이나 숫자, 이미지 등 데이터는 종류마다 인코딩하는 방식이 달라. 색을 인코딩하는 가장 단순한 방식은 RGB 방식과 16진수 방식이야.

오래된 사진을 컴퓨터가 이해할 수 있는 디지털 데이터로 인코딩하려면 스캐너가 필요해. 색을 인식하는 스캐너의 센서가 사진 전체를 연속된 숫자로 변환하지.

스캐너는 컴퓨터가 이해하고 사용할 수 있는 순서로 숫자 전체를 늘어세워. 컴퓨터는 이 연속된 숫자를 처리해 화면에 이미지로 다시 나타내.

RGB 방식은 숫자 세 개를 쉼표로 구분해 색을 표기하는 방법이야. 각 숫자는 0에서 255까지 나타내는데 컴퓨터는 이 숫자를 2진수로 인코딩해. 앞에서부터 **빨강**(Red), **초록**(Green), **파랑**(Blue)을 뜻해. 그래서 RGB라고 해. 서로 다른 색도의 빨강, 초록, 파랑을 섞어 다양한 색을 나타내는 거야.

0에서 255까지 숫자 세 개로 색을 표현할 수 있는 경우의 수는 대략 1,600만 가지야. 이 말은 RGB 인코딩 방식으로 1,600만 가지 색을 표현할 수 있다는 뜻이지.

(255, 203, 5)
 R   G   B

16진수 방식(줄임말로 '헥스')은 여섯 개 문자로 색을 표기하는 방법이야. RGB 방식처럼 1,600만 가지 색을 나타낼 수 있어. 16진수 방식은 0에서 9까지 숫자와 A에서 F까지 글자를 사용한다는 점에서 RGB와 달라. 예를 들어 #FF00B4는 분홍색을 나타내. 글자는 F와 B가, 숫자는 0과 4가 사용되었어. 두 개씩 묶은 문자(예: FF, 00, B4)가 하나의 색을 나타내지.

55

처음 두 문자는 빨강, 그다음 두 문자는 초록, 마지막 두 문자는 파랑을 나타내. 순서는 RGB 방식과 같지만, 숫자와 글자를 조합해 색조를 나타낸다는 점이 달라.

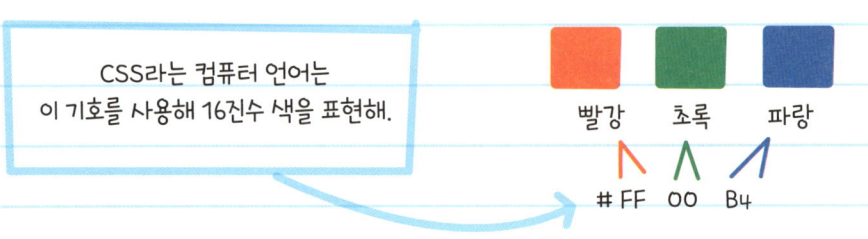

색 데이터는 여러 방법으로 나타낼 수 있지만, 중요한 점은 색의 인코딩 방식을 따라야 컴퓨터가 색 정보를 이해할 수 있다는 거야.

색 나타내기

아래 표에서 처음 두 열은 컴퓨터가 색을 읽는 방식이야. 둘 다 바이너리 코드로 나타내. 나머지 세 열은 우리가 실제로 볼 수 있는 색이야.

컴퓨터		사람		
헥스 코드	RGB	영어	한국어	실제 색
FF0000	255, 0, 0	Red	빨강	
0000FF	0, 0, 255	Blue	파랑	
FFFF00	255, 255, 0	Yellow	노랑	
008000	0, 128, 0	Green	초록	
000000	0, 0, 0	Black	검정	

색을 숫자와 글자로 인코딩하는 건 컴퓨터가 읽을 수 있는 정보를 만드는 하나의 방법일 뿐이야. 소리나 키보드의 키 입력, 터치스크린 터치, 엄지손가락 지문, GPS 위치 등 어떤 형태의 데이터든 컴퓨터가 이해할 수 있는 형식으로 수집하고 인코딩해야 해.

> 우리가 알고 있는 초록은 컴퓨터에서 #008000으로 표현해. 빛의 삼원색 중 하나인 #00FF00은 실제로는 연두라고 불러.

1. 우리는 지금 _____ 시대에 살고 있어.

2. 데이터를 코드로 변환하는 것을 _____(이)라고 해.

3. 코드 형식의 데이터를 우리가 읽을 수 있도록 변환하는 것을 _____(이)라고 해.

4. 데이터와 정보의 다른 점은 무엇일까?

5. 다음 색 표기법은 인코딩과 디코딩 가운데 무엇일까?
   A. 토록 → 008000
   B. 000000 → 검정
   C. 노랑 → 255, 255, 0
   D. FF0000 → ▇

6. 16진수 방식 또는 RGB 방식으로 나타낼 수 있는 색은 모두 몇 가지일까?

7. 다음 각각의 16진수 코드가 나타내는 색은 무엇일까?

　　　　‾‾‾‾　‾‾‾‾　‾‾‾‾
　　　　　↓　　　↓　　　↓
　　　　　ㅅ　　ㅅ　　ㅅ
　　　＃33　　54　　A2

8. 데이터 인코딩이란 무엇이며, 컴퓨터에 필요한 이유는 무엇일까?

9. 소셜 미디어 기업이 우리가 공유하는 정보를 이용해 돈을 버는 방법은 무엇일까?

10. 데이터 인코딩 방식 중 한 가지를 말해 보자.

정답

1. 정보화

2. 인코딩

3. 디코딩

4. 데이터는 그림이나 단어 숫자 등이 모여 있지만 아직 의미가 없는 사실들이고, 정보는 의미를 가지는 구조적 데이터로써 사용 가능하고 유용한 사실로 가공한 것이다.

5. A. 인코딩
   B. 디코딩
   C. 인코딩
   D. 디코딩

6. 대략 1,600만 가지

7. 빨강   토록   파랑
    ↓   ↓   ↓
    ∧   ∧   ∧
   # 33   54   A2

8. 데이터 인코딩은 데이터를 컴퓨터가 읽을 수 있는 형식으로 변환하는 걸 말한다. 컴퓨터는 0과 1, 2진수로 인코딩된 데이터만 이해할 수 있다. 따라서 이미지나 소리, 텍스트를 비롯해 어떤 형태의 데이터든 컴퓨터가 읽으려면 인코딩 과정을 거쳐야 한다.

9. 게시물, 사진, 동영상을 비롯해 온라인으로 공유하는 모든 정보는 우리 자신과 우리가 사고 싶어 하는 것들에 대한 단서가 된다. 소셜 미디어 기업은 이 정보를 광고주에게 팔아 돈을 번다.

10. 2진수 방식, 16진수 방식, RGB 방식 등이 있다.

비법노트 5장

정보 수집하기와 사송하기

정보를 수집하는 방법은 여러 가지가 있어.

- 면접

- 설문

- 관찰

이런 방법은 컴퓨터를 사용할 때 훨씬 더 **효율적**이야. 사람보다 훨씬 더 빠르고 정확하게 데이터를 수집하고, 분석할 수 있기 때문이야.

> **효율적**
> 시간과 노력이 덜 필요한 것

면접

면접은 질문을 통해 정보를 수집하는 방법이야. 피면접자의 상세한 정보를 수집할 때는 면접이 가장 좋은 방법이야. 기본 질문을 한 뒤에 심층 질문을 통해 더 많은 정보를 수집할 수 있고, 피면접자의 아주 자세한 부분까지 이해할 수 있기 때문이지. 면접은 소규모 집단의 데이터를 수집할 때 효과가 커.

> 질문을 받는 사람

면접에는 단점도 있어. 응답 데이터의 **컴퓨터 처리**가 쉽지 않아. 수학 공식이나 컴퓨터 알고리듬을 적용해 데이터의 일정 패턴을 찾을 수 없다는 뜻이야. 예를 들어 객관식 질문에 응답한 평균은 쉽게 계산할 수 있지만 주관식 질문에 응답한 평균을 계산하기는 어려워.

설문

설문은 한마디로 질문 리스트야. 설문은 이메일이나 웹 사이트 등 프로그램 형태로 주고받으며 조사할 수 있어. 직접 만나서 할 수도 있지. 설문을 통해 많은 사람의 일반적인 정보를 알 수 있어.

설문은 응답자가 설문지를 받아 직접 작성한다는 점에서 무척 유용해. 시간을 절약할 수 있거든.

설문에도 단점이 있어. 응답자가 설문에 진심으로 응답하지 않거나 아예 응답하지 않을 수도 있어. 세세한 정보를 수집하기 어렵다는 것도 단점이야. 더 조사하고 싶은 응답자만을 위한 특정 질문을 하기 어렵거든.

설문은 종류에 따라 다양한 데이터를 수집할 수 있어.

개방형 질문은 매우 자세한 응답을 얻을 수 있지만 면접처럼 데이터를 컴퓨터로 분석하기 까다로워.

선다형 질문은 추세나 경향을 파악할 때 대단히 유용해. 유권자들이 특정 후보를 선택하는 투표가 대표적인 선다형 질문이야. 선다형 질문은 컴퓨터로 분석하기 쉬워. 가장 많은 표를 얻은 후보가 이기거든. 선다형 질문의 단점은 설문지에 있는 선택지 안에서만 응답해야 한다는 거야. 따라서 개방형 질문처럼 세세한 응답을 얻을 수 없어.

평점형 질문은 점수를 매기듯 응답하는 형태야. 예를 들어 아이스크림 신제품의 만족도를 조사할 때 응답자들은 '싫다'를 의미하는 1과 '좋다'를 의미하는 5 사이에서 적당한 점수로 응답해.

컴퓨터는 설문 결과에 담긴 정보를 바탕으로 방대한 데이터를 효율적으로 비교할 수 있어.

데이터를 더욱 효율적으로 비교하기 위해서는 선다형 질문과 평점형 질문을 함께 사용하는 것이 좋아. 그렇게 하면 추세나 경향을 계산하고 분석할 수도 있어.

관찰

관찰을 할 때는 어떤 사건을 눈여겨보고 기록하는 과정이 필요해.

스포츠 경기에서는 관찰을 통해 데이터를 수집해. 득점이나 실책, 벌칙, 시간과 이동 거리 등에 대한 기록을 바탕으로 승리 팀 예측은 물론 훨씬 더 많은 정보를 이해할 수 있어.

컴퓨터는 관찰 결과 데이터를 토대로 비교와 예측을 해.

최고의 선수, 안녕하세요! 오늘 몇 득점이죠?

지금은 인터뷰할 상황이 아닙니다. 게임을 지켜봐 주세요.

데이터 사용하기

미국에서는 **인구 통계** 정보를 자동으로 계산하기 위해 계산용 기계를 처음 개발했어. 인구가 상당히 많았기 때문에 미국 정부는 통계 데이터를 정확하게 집계할 수 있는 방법이 필요했지. 그때 사용된 기계가 **홀러리스 천공 계산기**인데, 이 계산기 덕분에 미국 정부는 유용한 정보를 얻을 수 있었어. 이렇듯 우리는 어마어마한 크기와 양의 데이터를 이해하기 위해 늘 컴퓨터를 사용해 왔어.

인구 통계
거주지, 연령, 가구 수 등 인구 정보를 수집하는 통계 조사의 공식 집계 결과

1890 홀러리스 천공 계산기
이때부터 현대식 컴퓨터의 모습을 갖추기 시작했어. 이 계산기는 천공 카드에 저장된 정보를 읽고 처리할 수 있었어.

차트와 그래프

차트와 그래프는 데이터를 시각화할 수 있는 방법이야. 컴퓨터 앱은 다양한 차트를 이용해 갖가지 정보를 깔끔하게 나타내. 데이터과학자들은 분석한 데이터를 한눈에 보여 주기 위해 차트와 그래프를 사용하지.

선그래프는 시간에 따라 변하는 데이터를 나타낼 때 사용해.
전자책 회사에서는 판매 실적을 선그래프로 나타낼 수 있어.

막대그래프는 여러 항목을 비교할 때 사용해. 예를 들어 배구 선수들의 득점을 막대그래프로 한눈에 비교할 수 있어.

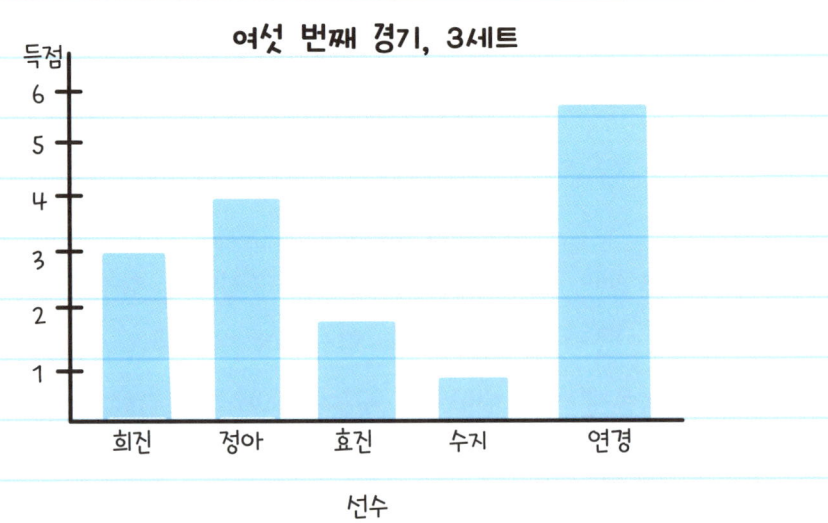

원그래프는 전체에서 차지하는 비율을 나타낼 때 사용해. 제과점이라면 판매하는 각 도넛의 인기를 원그래프로 나타낼 수 있어.

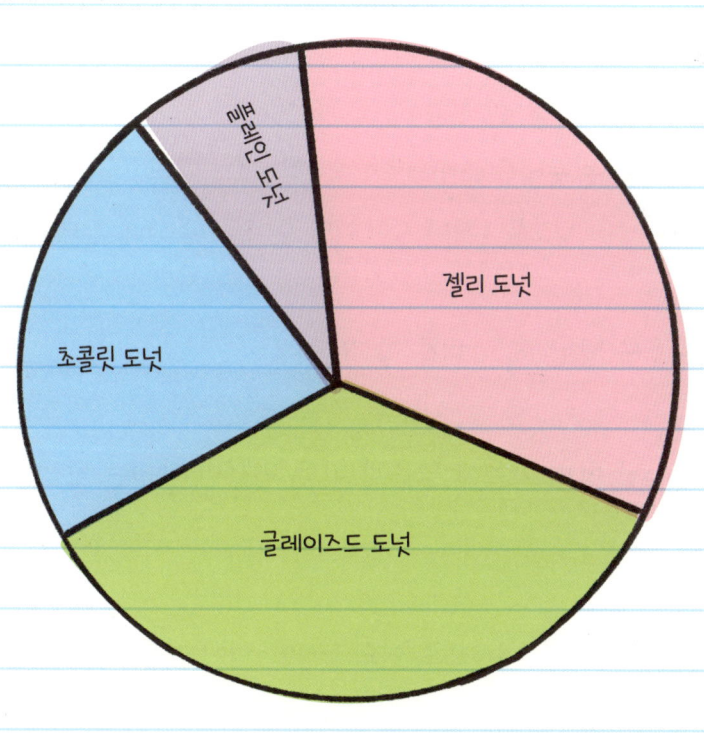

도넛 판매량

1. 다음 중 질문에 대한 응답을 컴퓨터로 쉽게 처리할 수 있는 것을 모두 골라 보자.

    A. 매운 음식을 좋아하세요?
    B. 매운 음식을 먹을 때 콧물이 나요?
    C. 가장 매웠던 음식을 그림으로 그려 주세요.
    D. 고추의 매운 정도를 1에서 5까지의 숫자로 나타내 주세요.

2. 데이터 수집 방법 네 가지를 말해 보자.

3. 데이터 수집 방법 가운데 설문에 비해 면접이 가지는 장점은 무엇일까?

4. 100명의 어린이를 대상으로 어느 스포츠 팀이 가장 인기가 많은지 조사하려고 한다. 데이터 수집 방법 가운데 가장 좋은 것과 그 이유는 무엇일까?

5. 컴퓨터로 쉽게 처리할 수 있는 데이터를 수집하려면 피해야 할 두 가지 질문 형식은 무엇일까?

6. 컴퓨터를 사용해 데이터를 수집했던 사례를 한 가지 말해 보자.

7. 다음 내용에 알맞은 데이터 수집 방법과 그 이유를 말해 보자.

> A는 학급 회장 선거에 나갈 거야. 그래서 반 친구들이 바라는 점을 파악하기 위한 정보를 쉽고 빠르게 수집하려고 해.

8. 2년 동안 식물이 성장한 과정을 월 단위로 나타내려면 어떤 그래프가 알맞을까?

9. 동물 보호소에서 몇 마리의 고양이와 개를 보호하고 있는지 나타내려면 어떤 그래프가 알맞을까?

정답

1. A, B, D

2. 면접, 설문, 관찰

3. 설문은 많은 사람의 일반적인 정보를 알 수 있지만, 상세한 정보를 수집하기 어렵다. 그에 비해 면접은 피면접자에게서 자세한 정보를 수집할 수 있다. 심층 질문을 통해 더 많은 정보를 얻을 수 있기 때문이다.

4. 가장 좋은 방법은 설문이다. 100명을 면접하려면 시간이 꽤 걸리기 때문이다.

5. 개방형 질문과 면접 형식의 질문은 피해야 한다.

6. 소셜 미디어, 지도, 내비게이션, 특정 질문이나 궁금증에 대한 검색 등

7. 많은 사람을 대상으로 데이터를 수집하는 가장 쉬운 방법은 설문이다. 컴퓨터로 쉽게 처리할 수 있기 때문이다.

8. 시간에 따라 변하는 데이터는 선그래프로 나타낸다.

9. 전체에서 차지하는 비율은 원그래프로 나타낸다.

컴퓨터 시스템 설계하기

비법노트 **6**장

컴퓨터 시스템 설계하기

공학 설계 과정

컴퓨터과학자는 **공학 설계 과정**에 따라 컴퓨터나 프로그램을 설계해. 설계를 이해하고 개선할 때 쓸모가 많거든. 공학 설계 과정의 목적이 바로 사용자가 쉽고 효율적으로 사용할 수 있는 프로그램을 만드는 거야.

공학은 과학의 한 분야로, 문제를 해결하기 위해 기계나 구조물을 설계하거나 제작해. 또는 기계의 목적이나 기능에 맞게 사용하는 방법을 연구하는 학문이야.
컴퓨터공학은 컴퓨터과학에 공학을 접목해 컴퓨터 소프트웨어와 하드웨어를 연구하고 각 분야에 응용한 학문이지.

공학 설계 과정은 분야마다 조금씩 다른 의미로 사용되지만 기본 단계는 다음과 같이 정리할 수 있어.

1. 문제 파악하기
2. 해결책 계획하기
3. 계획 구현하기(만들기)
4. 테스트하기
5. 개선하기

그리고 이 전체 과정을 반복해.

소프트웨어공학은 공학을 소프트웨어에 적용해 소프트웨어를 개발하고, 시험하고, 유지·보수하는 학문이야.

1단계: 문제 파악하기

소프트웨어공학자는 문제를 찾고, 문제 해결을 위해 필요한 요소를 파악해. 쉽게 이해하기 위해 예시를 살펴볼까?

■ 해결할 문제가 무언일까?

• 예시: 학교에서 집까지 가장 빠른 길은 어디일까? 단, 도서관과 마트를 지나갈 것.

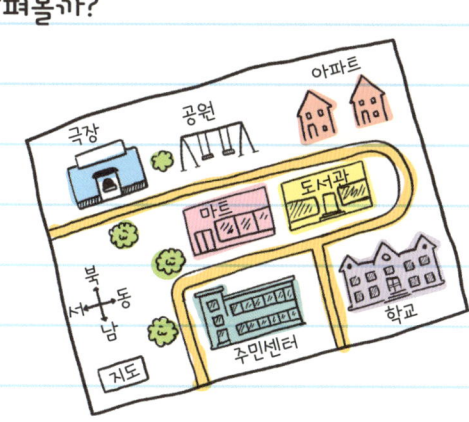

75

● 문제를 해결하기 위해 무엇을 이용할 수 있을까?

- 장소들이 표시된 지도
- 장소들 사이의 거리
- 이동 수단

● 이 문제를 해결하기 위해 어떤 기능이 필요할까?

- 계산 기능
- 지도 그리기 기능

1단계에서는 같은 문제를 겪는 사람들의 데이터를 수집해 분석하는 경우도 있어. 그럴 때는 면접이나 설문, 관찰 등의 방법을 이용해. 센서나 GPS 추적을 이용할 수도 있지.

2단계: 해결책 계획하기

소프트웨어공학자는 해결책을 찾기 위해 계획해. 계획에는 리스트를 작성하거나 지도를 그리는 과정도 포함되지. 계획은 최대한 자세하게 세워야 해.

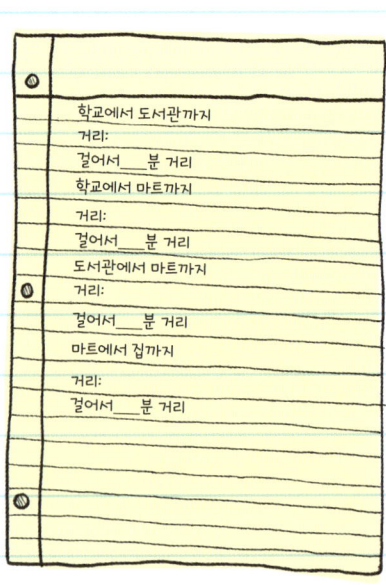

학교에서 도서관까지
거리:
걸어서 ___분 거리
학교에서 마트까지
거리:
걸어서 ___분 거리
도서관에서 마트까지
거리:
걸어서 ___분 거리
마트에서 집까지
거리:
걸어서 ___분 거리

3단계: 계획 구현하기

코드를 작성하고 필요한 요소들을 프로그램에 추가하는 단계야.
실행 가능한 프로그램을 완성하는 단계지.

4단계: 테스트하기

<u>소스 코드 테스트</u>를 통해 문제를 파악해. 테스트에도 여러 단계가 있어.
소프트웨어공학자들은 소프트웨어를 직접 사용해 본 사람들에게
피드백을 받아. 예전에는 프로그래머가
직접 테스트했어. 주위 사람들에게 테스트해
달라고 부탁하기도 했지. 지금은 사용자들에게
테스트를 요청하고 피드백을 받아.

5단계: 개선하기

<u>5단계에서는 테스트 단계에서 파악한 버그나 문제들을 수정해.</u>
문제를 해결하고 성능을 개선하는 거야.

77

나도 공학자

퇴렴단 기술 덕분에 우리가 사용하는 기기들은 작아지고 값이 싸졌을 뿐만 아니라 사용하기도 쉬워졌어. 누구나 놀라운 걸 설계하고 만들 수 있게 되었지. 레고 로보틱스, 드론, 3D 프린터, 레이저 절단기, **마이크로비트**, **아두이노**, **메이키 메이키** 같은 도구로 누구나 공학자가 될 수 있어.

> **마이크로비트**와 **아두이노**는 하나의 칩으로 구성된 아주 작은 컴퓨터야. 직접 프로그래밍해 가며 여러 가지 일을 할 수 있어. 운동량 측정기나 게임 컨트롤러가 될 수도 있지. 마이크로비트와 아두이노는 코딩 교육용으로도 인기가 많아.
>
> **메이키 메이키**는 마이크로비트나 아두이노 같은 마이크로컨트롤러의 한 종류로, 아이들을 위한 전자 발명 키트야. 주위에서 쉽게 볼 수 있는 사물들을 악어 클립으로 연결하고 프로그래밍하면 얼마든지 창의적이고 새로운 발명품을 만들 수 있어.

1. 공학 설계 과정의 목적은 무엇일까?

2. 다음 빈칸에 알맞은 말을 써 보자.

   공학 설계 과정의 기본 단계
   1단계: 문제 파악하기
   2단계: _____
   3단계: 계획 구현하기
   4단계: _____
   5단계: _____

3. 문제 파악하기 단계에서 해야 할 질문들은 무엇일까?

4. 2단계를 실행할 때 주의해야 할 점은 무엇일까?

5. 계획 구현하기 단계에서 하는 일을 설명해 보자.

6. 5단계에서 해야 할 일은 무엇일까?

정답

1. 사용자가 쉽고 효율적으로 사용할 수 있는 프로그램을 만드는 것이다.

2. 해결책 계획하기, 테스트하기, 개선하기

3. 해결할 문제가 무엇일까, 문제를 해결하기 위해 무엇을 이용할 수 있을까, 문제를 해결하기 위해 어떤 기능이 필요할까 등의 질문을 해 볼 수 있다.

4. 해결책을 찾기 위한 계획을 세우는 단계이므로 계획은 최대한 자세하게 세워야 한다.

5. 코드를 작성하고 필요한 요소들을 프로그램에 추가하는 단계이다. 즉, 실행 가능한 프로그램을 완성하는 단계이다.

6. 테스트 단계에서 파악한 버그나 문제를 수정한다.

비법노트 7장

테스트하기

테스트하기는 공학 과정에서 매우 중요한 단계야. 전체 공학 설계 과정 중에서 가장 많은 시간이 드는 단계이기도 해.

프로그램에는 다양한 문제가 있기 마련이야. 프로그래머들은 매끄럽게 실행되는 프로그램을 만들기 위해 여러 방법을 적용해.

방어적 프로그래밍

방어적 프로그래밍은 어떤 기능이 예상과 다르게 실행되더라도 프로그램 자체가 멈추지 않도록 설계하는 기법이야. 실제로 프로그램에 특정 오류를 일부러 넣어 어떻게 실행되는지 확인하는 게 핵심이지.

사용자가 이메일 주소를 입력하게 하는 프로그램을 만들 때 이메일 주소 형식이 아닌 텍스트를 입력해 실행 방식을 확인할 수 있어.

질문:

- 사용자가 이메일 입력창에 전화번호나 이름을 입력하더라도 프로그램이 계속 올바로 실행될까?

- 사용자가 엉뚱한 정보를 입력하지 못하도록 제한하려면 어떻게 해야 할까?

사용 사례와 **테스트 사례**는 프로그램 어느 곳을 수정해야 하는지 파악하기 위해 방어적 프로그래밍에 적용하는 방법이야.

사용 사례

사용 사례는 사용자가 해 볼 수 있는 **시도들을 모아 놓은 리스트**야. 한마디로 프로그램 사용법을 알 수 있는 리스트지.

이 리스트는 복잡한 순서도처럼 표현할 수도 있고, 아이디어 몇 개만 적어 놓을 수도 있어. 물론 사용자는 오류 없는 프로그램을 실행할 수 있어야 해. 게임 프로그램이라면 플레이어가 의도하는 대로 게임을 조작할 수 있어야 하지.

테스트 사례

사용 사례 테스트는 사용자가 프로그램으로 자신의 목적을 이룰 수 있는지 확인할 때 필요해. 각 사용 사례는 여러 테스트 사례로 구성돼. 테스트 사례는 구체적이고 매우 자세한 테스트를 말해. 프로그램에서 지켜야 할 조건들을 적용해 테스트하는 과정이지.
사용 사례는 필요한 기능을 정의할 때 필요하고,
사용 사례 테스트는 그 기능을 실제로 테스트할 때 필요해.

테스트 사례는 한 번에 하나의 조건(또는 변수)에 초점을 맞춰. 그래야 프로그램이 모든 상황에서 올바로 실행되는지 확인할 수 있어.

예를 들어 비디오 게임에서는 사용자가 스페이스바를 누르면 게임 캐릭터가 실제로 점프하는지 확인하는 테스트 사례를 만들 수 있어.

이 테스트를 통과하면 스페이스바를 계속 누르고 있을 때 캐릭터가 어떻게 움직이는지도 테스트할 수 있지.

> 여기서 방어적으로 프로그래밍한다는 말은 사용자가 스페이스바를 아무리 오래 누르고 있어도 게임 캐릭터는 한 번만 점프를 하도록 만든다는 뜻이야.

게임을 방어적으로 프로그래밍한다면 게임 캐릭터는 한 번만 점프를 해야 해.

방어적으로 프로그래밍하지 않거나 스페이스바를 계속 누르는 경우를 테스트하지 않으면, 캐릭터는 사용자의 의도와 다르게 움직일지도 몰라.

하늘 정도는 가볍게 날 수 있지!

예를 하나 더 들어 볼까? 계산기 앱을 만들 때는 0으로 나누는 경우를 테스트해야 해. 사용자가 0으로 나누기를 하더라도 앱이 강제 종료되기보다 이를 오류로 알려 주는 것이 좋을 거야.

여러 형식으로 입력할 수 있도록 테스트 사례를 준비하는 것도 중요해. 계산기 앱이라면, 0에서 9까지 숫자뿐만 아니라 음의 정수나 유리수 등도 입력할 수 있도록 테스트해야 해.

수학 얘기가 나와서 말인데…

양의 정수: 0보다 큰 자연수
소수점이 없는 수 또는 분수가 아닌 수
예를 들어 2, 5, 9, 50

음의 정수: 0보다 작은 정수
소수점이 없는 수 또는 분수가 아닌 수
예를 들어 -1, -5, -150

유리수: 분수나 비율로 나타낼 수 있는 모든 수
예를 들어 -5는 -5/1로 나타낼 수 있고, 2.15는 215/100로 나타낼 수 있어.

1. 사용 사례와 테스트 사례의 다른 점은 무엇일까?

2. 다음 내용은 사용 사례일까, 테스트 사례일까?

> 미국 항공 우주국 '나사'는 로켓이 발사될 때부터 지구 궤도에 오를 때까지 우주비행사가 모든 단계의 임무를 성공적으로 해낼 수 있는지 프로그램을 사용해 확인하려고 해.

3. 방어적 프로그래밍을 하는 프로그래머가 가진 생각은 무엇일까?
    A. 테스트는 시간 낭비야.
    B. 오류가 일어나도 프로그램은 계속 실행되어야 해.
    C. 프로그램이라면 바이러스 정도는 막을 수 있어야지.
    D. A, B, C 모두 정답

4. 사용 사례 테스트에서 여러 가지 형식의 입력을 테스트해야 하는 이유는 무엇일까?

5. 사용 사례와 테스트 사례는 프로그램에서 _____를 찾을 때 사용해.

6. 다음 내용을 읽고 테스트 사례에 해당하는 것을 모두 골라 보자.

> 프로그래머 지윤은 사용자가 낙서로 더러워진 담장 위치를 입력하면 청소 자원봉사자에게 그 위치가 전달되는 프로그램을 개발하는 중이다.

   A. 사용자가 계정을 만들고 낙서 위치를 입력할 수 있을까?
   B. 사용자가 우편번호 입력창에 도시명을 입력하면 어떻게 될까?
   C. 사용자가 우편번호 입력창에 음수를 입력하면 어떻게 될까?
   D. 사용자가 낙서 사진을 찍어 업로드할 수 있을까?

7. 계산기 프로그램의 테스트 사례에 가장 알맞은 숫자 형식은 무엇일까?
   A. 1, 2, 3, 4
   B. −2, −4, −6, −8
   C. 0.4, 0.5, 0.2, 0.6
   D. −2, 0, 0.4, 16

정답

1. 사용 사례는 사용자가 일반적인 작업을 마칠 수 있는지 파악하는 광범위한 테스트이고, 테스트 사례는 다양한 입력 형식을 사용하는 구체적인 테스트이다.

2. 사용 사례

3. B

4. 사용자가 어떤 형식으로 입력하더라도 프로그램은 멈추지 않아야 하기 때문이다. 예를 들어 입력창에 텍스트만 입력되는 것으로 예상해 프로그램이 실행된다면 사용자가 숫자나 기호를 입력하는 경우에 예상치 못한 문제가 생길 수 있다.

5. 오류(버그)

6. B, C

7. D

비법노트 **8**장

문서화하기

문서화는 한마디로 프로그램 코드의 정보야. 문서화는 크게 주석과 README 파일로 구분할 수 있어.

주석

모든 프로그래밍 언어는 코드에 주석을 추가할 수 있어. 주석은 프로그램의 일부가 아니야. 프로그램이 실행될 때 컴퓨터가 읽지 않고 건너뛸뿐 아니라 사용자도 주석을 볼 수 없어. 주석은 프로그래머가 코드에 대해 직접 작성한 메시지와 같아. 주석은 코드가 하는 일에 대한 설명이기도 하고, 나중에 추가하거나 변경할 코드를 미리 표시해 둔 일종의 알림 메시지이기도 해. 또 다른 프로그래머에게 궁금한 점을 물어보기 위한 질문일 수도 있어.

> **주석의 예**
> # 화면 맨 위에 카운트다운 타이머를 추가할 것

> 코드에 주석을 달면 코드가 하는 일을 쉽게 알 수 있어. 프로그램이
> 클수록 코드도 많으니까 주석이 더 강력한 힘을 발휘하지.
> 주석은 코드가 짧을 때도 효과 만점이야. 코드를 작성하고 시간이
> 한참 지나면 코드가 하는 일을 기억하기 쉽지 않거든.

어떤 코드를 다른 프로그램에서 재사용할 때가 있어. 이런 경우를 위해
주석을 달아 놓으면 재사용할 코드를 쉽게 찾을 수 있어.
예를 들어 게임 캐릭터를 상하좌우로 움직이는 코드는 어느 게임이나
비슷하니까 다른 프로그램의 코드를 가져와 재사용할 수 있을 거야.
캐릭터 이동 코드에 주석을 달아 두면 재사용할 때 쉽게 찾을 수
있겠지?

주석은 프로그램을 디버깅할 때도 유용해.
프로그램이 실행될 때는 주석을 읽지 않기
때문이야. 어떤 코드를 **주석으로 처리**하면
컴퓨터는 이 부분을 건너뛰고 실행하니까
버그가 있다면 쉽게 찾을 수 있을 거야.
코드를 삭제하지 않아도 되니까 정말 편리해.

> **주석으로 처리하기**
> 코드를 주석처럼 만들어
> 실행되지 않도록 하는 것

테스트용 코드를 추가해 테스트한 후 다시 주석으로 처리하면서
디버깅할 수도 있어서 정말 유용해. 주석은 자신을 위한
쪽지로도 활용할 수 있어.

다음과 같이 알림 메시지로 주석을 추가하는 거야.

버그 또는 # 고칠 것 — 이미 알고 있는 버그로 나중에 해결하겠다고 할 때

할 일 — 코드 작성을 나중으로 미룰 때

README 파일

주의를 끌기 위해 전체를 대문자로 표현하는 README 파일은 프로그램 정보를 담고 있어. 함께 제공되는 파일의 종류, 설치 방법과 사용법, 저작권이나 개발자 명단, 알려진 버그 등이 파일에 포함되지.

나를 꼭 읽어.

README 파일은 사용자를 위한 것이기도 하고 다른 프로그래머를 위한 것이기도 해. 대개는 프로그램마다 **일반 텍스트 형식**의 README 파일이 하나만 제공되지.

일반 텍스트 형식
서체의 굵기나 들여쓰기, 문단 여백 등 서식이 적용되지 않고, 단어와 구두점만으로 구성된 일반 텍스트 문서

README 파일에도 사용자 정보가 들어 있지만, 프로그램 사용법 등을 쉽게 안내할 때는 사용자 가이드가 더 적당해. 하지만 사용자 가이드는 마이크로소프트 워드나 엑셀처럼 덩치가 크고 복잡한 프로그램용으로만 제작하는 경우가 많아.

1. 코드를 주석으로 처리하면 쉽게 디버깅할 수 있는 이유는 무엇일까?

2. 프로그래머에게 주석이 유용한 이유는 무엇일까?

3. 문서화를 사용하는 이유를 말해 보자.

4. 나중에 오류(버그)를 해결하려고 코드에 알림 메시지를 추가하려면 _____ 또는 _____ 같은 주석이 적당해.

5. README 파일과 주석 중에서 프로그램 설치 방법을 안내할 때 적당한 것은 무엇일까?

6. 사용자 가이드란 무엇일까?

정답

1. 코드를 삭제하지 않아도 프로그램에서 주석으로 처리한 부분을 건너뛰고 실행하기 때문이다.

2. 코드에 주석을 달아 놓으면 코드가 하는 일을 쉽게 알 수 있다. 다른 프로그램에 어떤 코드를 재사용할 때 재사용할 코드를 쉽게 찾을 수 있다. 또 프로그램은 주석을 건너뛰고 실행하기 때문에 프로그램을 디버깅할 때도 유용하다.

3. 프로그래밍 할 때 원하는 코드를 쉽게 찾고, 자신에게 도움이 될 알림 메시지를 작성하기 위해서이다. 또한 버그를 찾거나 프로그램의 다양한 정보를 알려 주는 데도 필요하다.

4. # 버그, # 고칠 건

5. README 파일

6. 프로그램의 기능을 사용자에게 설명하는 문서이다.

피드백 종합하기

사용자 중심 설계

사용자들은 프로그램을 사용하면서 이런저런 판단을 해. 이들의 의견은 프로그램을 사용하기 쉽게 만들 때 또는 프로그램에 어떤 기능을 추가할지 결정할 때 근거가 되지.

사용자 중심 설계는 각 개발 단계마다 사용자의 요구를 고려해 프로그램을 만드는 과정이야. 될 수 있는 한 많은 사용자가 다루기 쉬운 프로그램을 만들기 위해서는 다양한 사용자에게 의견을 묻는 것이 좋아.

> **피드백 종합하기**는 사용자들에게서 모은 정보를 설계에 반영하는 과정이야.

사용자 중심 설계를 하려면 아래 내용을 중심으로 생각해야 해.

- **사용성** - 직관적이고 사용하기 쉬울까?

- **접근성** - 신체 능력이 다른 사람들도 사용할 수 있을까?

- **콘텐츠** - 대상 사용자에게 어울리는 프로그램일까?

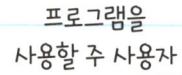
프로그램을 사용할 주 사용자

피드백 수집하기

프로그램을 세상에 내놓기 전에 프로그래머들은 **알파**테스트와 **베타**테스트로 사용자들에게서 피드백을 수집해. 사용자들이 버그나 이슈(문제)들을 찾아내거든.

알파테스트는 1차 사용자 테스트로, 프로그램이 완성되기 전에 진행해. '알파테스터'는 친구나 주변 사람처럼 프로그래머가 신뢰할 수 있는 사람이 주로 맡아. 아직까지는 프로그램 코드가 완성되지 않았기 때문에 꽤 많은 버그가 나올 수 있어. 코딩 수업에서 알파테스트는 미완성 프로그램을 반 친구들에게 보여 주고 버그가 있는지 확인해 달라고 요청하는 거지.

알파(α)와 **베타**(β)는 그리스 문자에서 첫 번째와 두 번째 문자야.

베타테스트는 2차 사용자 테스트야. 프로그램이 완성된 후에 진행해. '베타테스터'는 보통 예비 사용자들 중에서 선발하지.

> **예시:** 다가올 수학 기말고사 대비용으로 공부 앱을 만든다면, 베타테스터는 반 친구들이 맡을 거야. 베타테스터는 알파테스터보다 찾아내는 버그가 적어. 프로그램이 그만큼 더 완성되었기 때문이야.

프로그램을 예비 사용자에게 보여 주면 이전에 지나쳤던 버그를 찾아낼 수 있어. 프로그램의 버그를 바로잡은 뒤 다른 사람들과 공유하면 프로그램을 실제로 세상에 선보이기 전에 자잘한 실수까지도 잡아낼 수 있지.

저, 선생님. 이 숙제 좀 베타테스트 해 주실 수 있으세요?

1. 사용자 중심 설계란 무엇일까?

2. 다음 중 사용자 중심 설계의 원칙이 아닌 것은 무엇일까?
   A. 흥미
   B. 사용성
   C. 접근성
   D. 콘텐트

3. 피드백이란 무엇일까?

4. 알파테스트와 베타테스트의 다른 점은 무엇일까?

5. 알파테스터와 베타테스터 중 누가 버그를 더 많이 찾을 수 있을까?

6. 프로그램의 접근성이 높다는 것의 의미는 무엇일까?

7. 수면 시간과 질을 파악하는 앱은 예비 사용자가 누구일까?
   A. 인터넷 쇼핑몰 고객
   B. 피로에 지친 사람들
   C. 신경외과 의사
   D. 프로그래머

8. 프로그램을 세상에 내놓기 전에 피드백을 수집해야 하는 이유는 무엇일까?

정답

1. 사용자 중심 설계는 사용자의 요구를 토대로 프로그램을 만드는 것이다.

2. A

3. 피드백은 프로그램을 테스트한 사용자들에게서 수집한 정보이다.

4. 알파테스트는 1차 사용자 테스트로, 프로그램이 완성되기 전에 프로그래머가 신뢰할 수 있는 사람들을 대상으로 진행한다. 베타테스트는 2차 사용자 테스트로, 프로그램이 완성된 후 예비 사용자들을 중심으로 진행한다.

5. 알파테스터들이 더 많은 버그를 찾아낼 것이다. 프로그램을 처음 사용해 본 데다 프로그램이 아직 완성되지 않았기 때문이다.

6. 신체 능력이 다른 사람들도 프로그램을 사용하는 데 별다른 문제가 없을 때 프로그램의 접근성이 높다고 한다.

7. B

8. 프로그램이 완벽해 보여도 사용자들은 버그를 찾아내어 프로그램의 자잘한 실수까지도 잡아낼 수 있다.

비법노트 **10**장

팀으로 작업하기

프로그래밍 프로젝트를 협업, 즉 다른 사람들과 함께 작업하면 여러모로 효율이 높아져. 사람마다 강점이 제각각이거든. 큰 프로젝트를 여러 사람이 함께 작업하면 더 빨리 완성할 수 있어. 프로그래머 한 명이 맡은 일에 대한 부담도 줄어들지.

우주왕복선 프로그램은 코드가 40만 행이나 되고, 최신 자동차는 1억 행의 코드로 달리는 거야. 페이스북은 대략 6,000만 행의 코드로 서비스를 하지.
이렇게 긴 행의 코드를
혼자서 작성한다면
평생 해도 끝나지 않을 거야.

프로젝트 협업은 작업을 세분화하고 팀원 각자의 강점에 초점을 맞추기 때문에 프로그램을 훨씬 더 효율적이고 빠르게 완성할 수 있어.

팀원들이 서로 상승효과를 낼 수 있는 팁을 알아볼까?

기대치를 명확하게 설정하라. 모든 팀원이 프로젝트에서 담당하는 자신의 몫을 정확하게 알고 있어야 해. 그리고 프로젝트의 어떤 부분도 가볍게 지나치면 안 돼.

자신의 강점에 집중하라. 팀원의 강점을 살릴 수 있도록 프로젝트를 자세히 나누어야 해. 그러면 각자 즐겁게 일하면서 뛰어난 성과도 낼 수 있거든.

일정을 현실적으로 세워라. 마감 일정을 넉넉하게 정해야 해. 팀원들은 주어진 시간까지 프로젝트를 끝낼 수 있도록 열심히 일해야겠지?

작업을 똑같이 나눠라. 팀원이 맡은 작업은 제각각이지만, 똑같이 나누어야 자신만 일에 파묻혀 있다고 느끼지 않을 거야.

명확한 역할을 주어라. 누가 팀원들의 아이디어를 정리할지, 누가 테스터가 되고 누가 디버거가 될지 등 팀원에게 명확한 역할을 주어야 해. 역할이 명확해지면 작업 진행 과정에 집중하면서 일할 수 있어.

짝 프로그래밍

프로젝트가 작을 때는 프로그래머가 많지 않아도 돼.
짝 프로그래밍은 두 사람이 하나의 컴퓨터에서 프로젝트를 완성하는 전략이야. 소규모 프로젝트에서 작업 속도를 높이고 버그를 줄일 수 있는 전략이지.

짝 프로그래밍에서는 두 명의 프로그래머가 역할을 나눠. 한 명은 **운전자**가 되고, 다른 한 명은 **길잡이**가 되는 식이야.
키보드를 맡은 운전자는 코드를 입력하면서 이동으로 확인해. 길잡이는 운전자에게 입력할 코드를 알려 주면서 버그를 바로잡아.

길잡이 / 운전자

짝 프로그래밍에서는 운전자와 길잡이가 서로 원활하게 소통하는 게 정말 중요해. 그리고 역할을 자주 바꿔 가며 프로젝트를 진행하는 게 좋아. 역할 바꾸기는 프로그래머가 작업에 파묻히지 않고 프로젝트 전체를 바라볼 수 있게 해 줘. 서로 다른 관점으로 버그를 찾아 고칠 수 있는 기회를 가질 수도 있어. 또 서로를 더 잘 이해하게 되니까 프로젝트를 효율적으로 진행할 수 있지.

커뮤니티에서 도움 얻기

프로그래머 대부분은 문제 해결을 위해서 인터넷 검색에 많은 시간을 쏟아. 인터넷에는 프로젝트 진행에 도움을 받을 수 있는 곳이 무척 많거든. 아무리 경력이 화려한 프로그래머라도 다른 프로그래머에게 도움을 요청하기 마련이야.

프로그래밍할 때는 다른 프로그래머의 코드를 참고할 수 있는지 살펴보는 것이 좋아. 그렇다고 다른 프로그래머의 코드를 복사해 마치 자기가 만든 코드인 것처럼 사용해도 괜찮다는 뜻은 아니야. 아이디어를 얻기 위해 다른 프로그램을 사용해 보거나 코드 일부만 복사해야 해.

프로그램에는 프로그래머들이 각자 맡은 작업을 알려 주는 **저작자 표시**도 빠트리지 말아야 해. 프로그램 전체 또는 일부를 자신이 직접 만들었어도 다른 사람에게 이런저런 도움을 받을 수 있어. 그렇다면 주석이나 README 파일 형식을 이용해 영화의 엔딩 크레디트처럼 그들의 이름과 작업 내용을 알리는 것이 좋아. 다른 사람의 프로그램 코드를 복사하려면 저작자(프로그래머)에게 허락을 요청하거나 저작권 안내를 찾아봐야 해. 그리고 어느 코드를 가져다 썼는지 밝혀야 하지.

이 부분은 내가 그린 거야.

105

코드를 복사할 때는 저작자 표시를 주석과 README 파일에 함께 표시하는 게 좋아.

저작자 표시는 다음처럼 작성할 수 있어.

> 저는 @the_coding_master의 예시 프로젝트를 사용했습니다. 그 코드를 수정해 전체적으로 조명 효과를 더 많이 강조했고, 거북이 의상을 추가했습니다. 음악은 @music_lover에게서 가져다 사용했습니다. 게임 플레이에 대한 아이디어를 얻게 해 준 @gamer_pro에게 감사드립니다.

저작자 표시를 한다는 건은 누군가의 노력에 감사한다는 뜻이고, 커뮤니티 공유라는 개발자 문화에 도움이 된다는 뜻이야. 저작자 표시는 단순히 권장 사항이 아니라 꼭 지켜야 할 일종의 법이야!

> 프로그래밍 저작자 표시는 보고서를 작성할 때
> 다른 저자의 문장을 **인용**하거나 **재표현**하는 것과 같아.

> **인용**
> 출처를 밝히고 참고하는 것

> **재표현**
> 다른 사람의 아이디어를 가져다
> 자신의 언어를 입혀 표현하는 것

라이브러리 사용하기

라이브러리는 모듈이나 익스텐션이라고도 부르는데, **미리 만들어 둔 함수**에 접근하는 수단이야. 좀 어렵지? 예를 들어 게임을 만든다고 하면, 게임 속 캐릭터를 제어하고 다른 캐릭터들과 상호 작용하는 코드를 수백 행 넘게 작성해야 해. 그럴 때 캐릭터 제어와 상호 작용 코드가 이미 갖춰진 라이브러리를 가져다 사용할 수 있어. 라이브러리 중에는 주석이나 프로그램의 어떤 곳에 저작자 표시를 요구하는 경우도 있어.

> **미리 만들어 둔 함수**
> 특정 동작을 하도록
> 미리 만들어 제공하는 코드

프로젝트를 진행할 때는 언제라도 관련 라이브러리를 찾거나 커뮤니티 등에서 도움을 받아야겠다고 생각하는 게 좋아.

퀴즈

1. 팀으로 작업하는 프로그래밍의 장점 두 가지를 말해 보자.

2. 다음 문장이 참인지 거짓인지 고르고, 그 이유를 말해 보자.

   > 프로그래머들은 대개 다른 프로그래머에게 도움을 요청하지 않는다.

3. 다른 사람의 코드를 가져다 사용할 때 해야 할 두 가지는 무엇일까?

4. 다음 물음에 대해 예 또는 아니오로 답해 보자.

   > 다른 사람의 코드를 그대로 복사하지 않고 참고만 할 때도 저작자 표시를 해야 할까?

5. 짝 프로그래밍을 할 때 운전자가 길잡이를 옆에 두면 받을 수 있는 도움은 무엇일까?

6. 짝 프로그래밍을 할 때 역할을 자주 바꾸는 것이 중요한 이유는 무엇일까?

7. 게임 개발자가 라이브러리를 사용하면 좋은 점은 무엇일까?

8. 다음과 같은 상황에 처한다면 어떤 기분이 들지 말해 보자.

> 내가 만든 코드를 다른 사람이 허락도 받지 않고 사용하면서 자기가 직접 만들었다고 우기기까지 한다.

9. 저작자 표시에 관한 설명을 모두 골라 보자.
    A. 권장 사항
    B. 일종의 법
    C. 감사의 표시
    D. 공유 커뮤니티를 활성화하는 수단

정답

1. 팀으로 작업하면 규모가 더 큰 작업을 할 수 있다. 팀원 각자의 강점에 초점을 맞추기 때문에 프로그램을 훨씬 더 효율적이고 빠르게 완성할 수 있다. 프로그래머 한 명이 가지게 되는 부담도 줄어든다.

2. 거짓이다. 왜냐하면 문제를 해결하기 위해 아무리 경력이 화려한 프로그래머라도 커뮤니티에서 다른 프로그래머의 도움을 받기 때문이다.

3. 저작자에게 허락을 받고, 주석과 README 파일에 저작자 표시를 해야 한다.

4. 예

5. 운전자는 코딩에 집중할 수 있고 길잡이의 도움으로 버그를 바로잡을 수 있다.

6. 역할 바꾸기는 프로그래머가 한 걸음 뒤에 서서 프로젝트 전체를 보게 한다. 뿐만 아니라 서로 다른 관점으로 버그를 찾아 고칠 수 있는 기회를 가질 수 있다. 서로를 더 잘 이해하게 됨으로써 프로젝트를 효율적으로 진행할 수 있다.

7. 게임 개발자가 캐릭터 제어와 상호 작용 코드가 갖춰진 라이브러리를 사용하면 코딩하는 시간을 줄이고 나머지 다른 작업에 더 많은 시간을 쏟을 수 있다.

8. 내가 만든 코드를 다른 사람이 만들었다고 하면 기분이 나쁘고 화가 날 것이다.

9. B, C, D

비법노트 **11**장

알고리즘 사용하기

알고리즘

사람도 컴퓨터도 알고리즘을 사용해. 순서대로 작업을 수행하는 과정 또는 단계가 바로 알고리즘이야. 사람과 컴퓨터 둘 다 사용하는 알고리즘의 예로 요리 레시피가 있어.

알고리즘은 반복 작업에 필요한 명확한 지시야. 같은 작업을 하더라도 알고리즘은 달라질 수 있어. 예를 들어 나눗셈은 나누기뿐만 아니라 빼기를 반복해서 해결할 수도 있어. 물론 둘 다 결과는 같아.

첫 번째 방법:
20÷5=4
두 번째 방법:
20-5-5-5-5=0
→20÷5=4

하지만 어느 한 쪽이 더 나은 방법일 수 있어. 컴퓨터과학에서는
항상 더 나은 알고리즘을 찾아.
더 나은 알고리즘이란 더 빠르고, 더 간단하고, 더 효율적인 걸 말해.

알고리즘은 더 나은 방법으로 일할 수 있는
바탕이 되기 때문에 매우 유용해.

알고리즘 연구하기

알고리즘 개발은 컴퓨터과학의 한 분야이며 수학과 무척 비슷해.
예를 들어 수학자들과 컴퓨터과학자들은 100년 넘게 외판원 문제를
해결하기 위해 연구하고 있어.

> **외판원 문제**
> 방문할 도시들과 도시들 사이의 거리를 알고 있을 때, 외판원이 도시를 전부 방문하고 집으로 돌아오는 최단 경로는 무엇일까?

외판원 문제의 목적은 최단 경로를 가장 효율적으로 찾는 알고리듬을 개발하는 거야. 이 문제는 현실에도 적용돼. 트럭 회사가 최단 경로 알고리듬에 따라 배송 트럭들을 배차하면 시간과 비용을 크게 아낄 수 있을 거야.

프로그램

컴퓨터과학자는 어떤 문제의 해결책을 찾아 이를 알고리듬으로 바꾼 후 컴퓨터가 읽을 수 있는 형태인 프로그램으로 코딩하는 사람들이야. 프로그램은 컴퓨터가 읽을 수 있는 지시 형태로 변환된(코딩된) 알고리듬이지.

알고리듬은 누구나 이해할 수 있는 형식으로 작성하기도 해. 컴퓨터 프로그램은 숫자, 글자, 기호 등을 우리가 익숙하지 않은 순서로 배열해 만들기 때문에 모든 사람이 이해하고 만들 수 있는 것은 아니거든. 컴퓨터는 당연히 잘 알겠지만 말이야.

프로그래머는 **프로그래밍 언어**를 사용해 컴퓨터에 매우 구체적으로 명령을 지시해. 프로그래밍 언어는 컴퓨터에 명령을 지시하기 위해 숫자나 단어, 기호 등을 미리 정해 둔 규칙에 맞춰 조합한 형식을 사용하지.

예시: 오늘이 친구의 생일인지 알고 싶다면 다음과 같은 알고리즘을 작성할 수 있어.

알고리즘	프로그램(파이썬)
	# datetime 라이브러리를 가져온다. from datetime import *

1. 오늘 날짜를 확인한다.	# 오늘 날짜를 가져온다.
	today = date.today()

2. 친구에게 생일이 언제인지 묻는다.	# 사용자의 생일을 가져온다.
	dob_str = input("생일이 언제입니까? yyyy/mm/dd")

알고리즘	프로그램(파이썬)

	# 사용자의 입력을 날짜로 변환한다.
	dob_data = dob_str.split("/")
	dobDay = int(dob_data[2])
	dobMonth = int(dob_data[1])
	dobYear = int(dob_data[0])
	dob = date(dobYear, dobMonth, dobDay)

3. 오늘이 친구의 생일인지 판단한다.
 	
4. 오늘이 친구의 생일이면 "생일 축하해!"라고 말하고, 생일이 아니면 "오늘은 네 생일이 아니네."라고 말한다.
	# 오늘이 친구의 생일인지 판단한다.
	thisYear = today.year
	nextBirthday = date(thisYear, dobMonth, dobDay)
	if today == nextBirthday:
	　　print("생일 축하해!")
	else:
	　　print("오늘은 네 생일이 아니네.")

프로그래밍을 배울 때는 화면에 "Hello, World!"를 출력하는 것부터 시작해. 일종의 전통이지.

프로그래밍의 시작

컴퓨터 프로그래밍을 코딩이라고도 해. 코딩의 역사는 19세기부터 시작됐어.

에이다 러브레이스는 초기 프로그래머들 중 한 명이야. 러브레이스는 1843년에 기계식 계산기인 해석 기관이라는 기계에 사용할 알고리즘을 작성했어.

러브레이스 백작 부인, 어거스터 에이다 킹

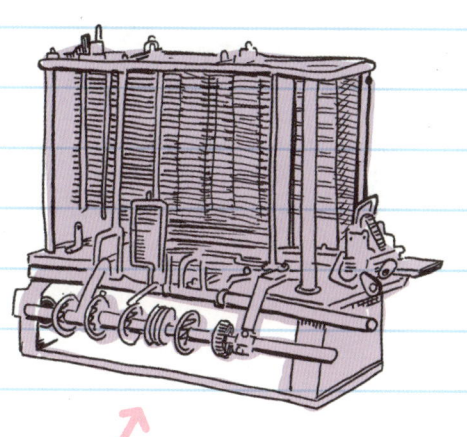

해석 기관

해석 기관은 찰스 배비지가 설계했어. 현대식 컴퓨터와 달리 전기 대신 톱니바퀴와 증기 기관을 사용했지. 간단한 계산과 수학 문제를 해결하기 위해 만들었어.

해석 기관은 천공 카드를 사용해 만든 단순한
프로그램을 실행하도록 설계되었어.
천공 카드의 구멍들이 명령인 거야.
천공 카드는 컴퓨터를 프로그래밍하는 데도
사용되었어.

천공 카드

러브레이스는 해석 기관이 단순한 수학 계산뿐만
아니라 다른 작업들도 할 수 있다고 처음으로 생각한 사람이었어.
기계가 명령을 지시받아 어떤 작업을 수행할 수 있다고 믿었지.
프로그래밍이 시작된 거야.

1. 알고리듬과 프로그램의 다른 점은 무엇일까?

2. 컴퓨터과학자들이 효율적인 알고리듬을 찾는 이유는 무엇일까?

3. 다음 중 프로그램이자 알고리듬을 모두 골라 보자.
    A. 악기 연주 방법   B. 마이크로소프트 워드
    C. 스냅챗   D. 드론 제작 방법

4. 다음 문장이 참인지 거짓인지 고르고, 그 이유를 말해 보자.

   > 같은 작업이라도 서로 다른 알고리듬을 적용해 다른 방법으로 수행할 수 있다.

5. 컴퓨터가 이해할 수 있는 언어를 가리키는 말은 무엇일까?

6. 알고리듬을 컴퓨터가 이해할 수 있는 방식으로 작성해야 하는 이유는 무엇일까?

7. 에이다 러브레이스가 최초로 생각한 건 무엇일까?

정답

1. 알고리즘은 순서대로 작업을 수행하는 과정 또는 단계이고, 프로그램은 컴퓨터가 읽을 수 있는 지시 형태로 변환된(코딩된) 알고리즘이다.

2. 효율적인 알고리즘은 더 빠르게 실행되고 저장 공간을 덜 차지하기 때문이다.

3. B, C

4. 참이다. 왜냐하면 알고리즘은 달라도 결과는 같기 때문이다.

5. 프로그래밍 언어

6. 컴퓨터는 구체적인 명령이 필요하고 프로그래밍 언어만 이해할 수 있기 때문이다.

7. 에이다 러브레이스는 해석 기관이 수학 계산뿐만 아니라 다른 작업들도 할 수 있다고 생각해 기계를 프로그래밍했다.

비법노트 **12**장

프로그래밍 언어

프로그래밍 언어는 수백 가지가 넘어. 그리고 프로그래머들은 해야 할 작업마다 다른 프로그래밍 언어를 사용해. 자바스크립트, PHP, 파이썬 같은 언어는 웹 페이지를 만들 때 사용해. <mark>웹 페이지</mark>란 크롬이나 사파리, 파이어폭스 같은 웹 브라우저로 볼 수 있는 페이지를 말하지. 웹 페이지들로 구성된 게 바로 <mark>웹 사이트</mark>야.

<mark>모바일 앱</mark>은 스위프트나 자바, C 등으로 만들어.

> **모바일 앱**
> 스마트폰이나 태블릿 같은 모바일 기기에서 실행되는 소프트웨어

123

프로그래밍 언어 사용하기

프로그래밍 언어마다 속도가 빠른 언어, 사용하기 쉬운 언어, 그래픽 전문 언어 등 강점이 있기 때문에 프로그래머들은 대규모 프로젝트일 경우 몇 가지 언어를 함께 사용하기도 해. 예를 들어 볼까?

- 페이스북에서는 파이썬과 자바스크립트, PHP 등을 사용해.

- 유튜브에서는 파이썬과 자바스크립트, C++ 등을 사용해.

- 트위터에서는 자바스크립트, C++, 루비 등을 사용해.

세 군데 사이트에서 공통으로 자바스크립트를 사용하지? HTML, CSS와 더불어 자바스크립트가 대표적인 프론트엔드 언어이기 때문이야. 프론트엔드 언어는 화면에 보이는 웹 사이트 콘텐츠를 만들 때 사용하는 언어야.

페이스북이나 유튜브, 트위터 같은 웹 사이트는 게시물이나 댓글, 프로필 사진, 동영상 등 엄청나게 많은 정보를 저장하고 있어. 이 말은 그런 방대한 정보를 구조화해 프론트엔드로 연결하는 백엔드 형식의 프로그래밍 언어 또한 필요하다는 뜻이야.

이번에는 네가 꼬리 쪽을 맡을 차례야.

목적에 따라 여러 백엔드 언어가 사용되고 있어. C++는
다른 프로그래밍 언어보다 빠르지만 다루기가 어려워. 그래서 기업들은
먼저 상대적으로 더 쉬운 파이썬으로 프로그램을 만들고,
정보 처리 속도를 높여야 할 부분은 C++로 다시 만들기도 해.

모든 프로그래밍 언어를 알고 있는 컴퓨터 프로그래머는 없어. 세상의
모든 언어를 알고 있는 사람은 없듯이 말이야.

하지만 몇 가지 프로그래밍 언어를 알고 있으면 무척 유용해. 예를 들어
그래픽 처리가 강점인 언어와 데이터 처리가 강점인 언어를 함께
사용할 수도 있겠지?

컴퓨터는 코드를 어떻게 읽을까

코드 = 컴퓨터가 이해하는 언어

바이너리

컴퓨터는 켜고 끌 수 있는 **전기 회로**를 기반으로 정보를 처리해.
컴퓨터과학자들은 1과 0을 이용해
각각 회로를 켠 상태와 끈 상태를
나타내지.

> 전기가 흐르는 경로 또는
> 경로의 집합

이 1과 0을 가리켜 **바이너리** 또는
머신 코드라고 불러. 다시 말해
바이너리는 1 또는 0을 가리켜.

> **바이너리**
> 컴퓨터가 말하고 정보를
> 나타내는 방식

바이너리에서는 흔히 1과 0이 사용되지만,
'켜짐'과 '꺼짐' 또는 '참'과 '거짓'도 자주
사용돼. 중요한 것은 단어나 숫자, 글자, 기호,
이모지, 이미지, 동영상, 프로그램 등이 모두 바이너리로
표현된다는 사실이야.

> 1 = 켜짐
> 0 = 꺼짐

> **머신 코드**
> 모든 프로그래밍 언어가 컴퓨터에서
> 실행되기 전에 최종 변환되는 가장
> 기본적인 언어

컴퓨터의 CPU는 머신 코드로 작성된 명령만 읽을 수 있어.
따라서 사람이 컴퓨터에 입력한 프로그램은
또 다른 컴퓨터 프로그램이 바이너리
머신 코드로 변환해. 이처럼 프로그램을
머신 코드로 변환하는 과정을
컴파일이라고 불러.

> **컴파일**
> 프로그래밍 언어를
> 머신 코드로
> 변환하는 것

"Hello, World!"라는 메시지를 어떤 프로그래밍 언어로 작성하든 결국 같은 형식의 머신 코드로 바뀌는 거야.

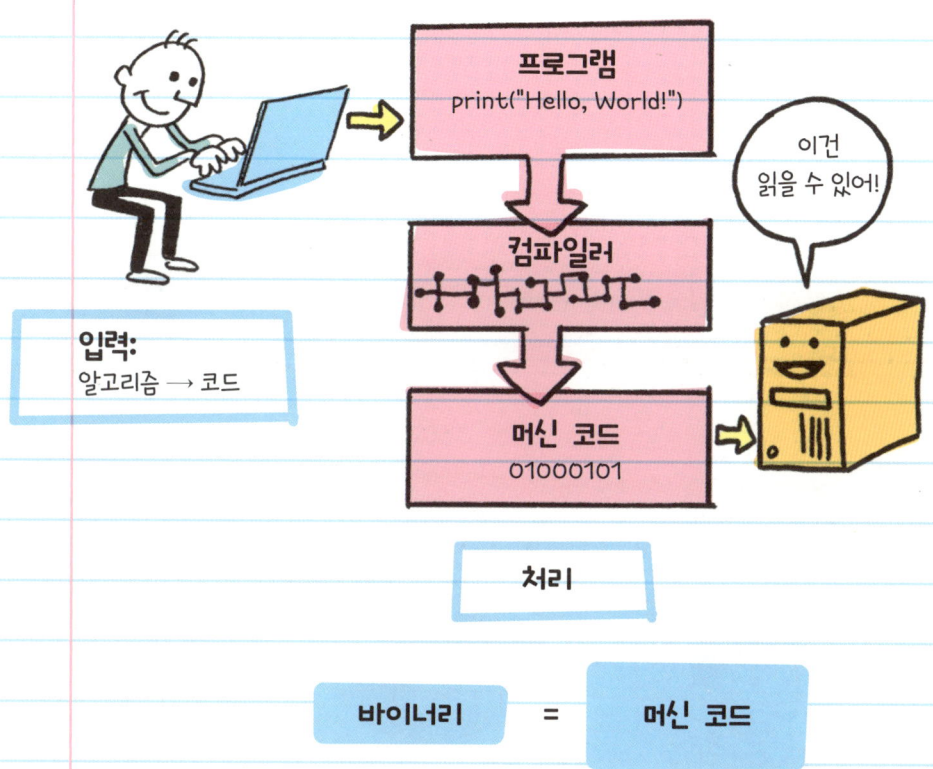

입력:
알고리즘 → 코드

컴파일러는 프로그래밍 언어의 명령을 머신 코드로 변환해. 컴파일러가 만들어지기 전에는 프로그래머가 자신의 프로그램을 머신 코드와 비슷한 언어로 만들어야 했어. 그레이스 호퍼가 1952년에 컴파일러 프로그램을 처음 만들었지. 덕분에 프로그래머들은 머신 코드 자체보다 프로그램을 만드는 데 집중할 수 있었어.

바이너리로 수 나타내기

바이너리는 숫자를 사용해 수를 세거나 나타내는 방식이야. 1과 0만을 사용하기 때문에 밑이 2인 2진수라고 부르기도 하지. 반면 우리가 사용하는 밑이 10인 10진수는 0에서 9까지 열 개의 숫자를 사용하는 방식이야.

> 바이너리의 'bi'는 '2'라는 뜻이야. 바이너리는 숫자를 두 개밖에 사용하지 못해도 10진수처럼 모든 수를 나타낼 수 있어.

10진수에서는 자리가 하나씩 올라갈 때마다 자릿값이 열 배씩 늘어나고, 현재 자릿수의 왼쪽에 덧붙여 표기해.

예시: 237은 2백 3십 7로 읽어. 왼쪽으로 갈수록 열 배씩 늘어나는 자릿값을 붙이는 거야.

100의 자리	10의 자리	1의 자리
2	3	7

바이너리 = 2

바이너리에서는 왼쪽으로 갈수록 자릿값이 두 배씩 늘어나. 2를 곱하는 거지. 그러니까 밑이 2인 바이너리의 자릿값은 왼쪽으로 2를 곱하면서 1, 2, 4, 8, 16, 32, 64 등이 되는 거야.

바이너리의 자릿값: 오른쪽에서 왼쪽으로 이전보다 두 배씩 늘어나.

숫자 1을 바이너리로 나타내면 1의 자리에 1을 둬.

128의 자리	64의 자리	32의 자리	16의 자리	8의 자리	4의 자리	2의 자리	1의 자리
							1

바이너리에 숫자 '2'는 없어. 숫자 2를 바이너리로 나타내려면
1의 자리에 0을 두고, 왼쪽으로 올라가
2의 자리에 1을 둬.

128의 자리	64의 자리	32의 자리	16의 자리	8의 자리	4의 자리	2의 자리	1의 자리
						1	0

켜짐 ↑   꺼짐 ↑

0은 1의 자리에 있어. 따라서 그 값은 0×1, 즉 0이야.
1은 2의 자리에 있어. 따라서 그 값은 1×2, 즉 2야.
0과 2를 더하면 결과는 2야.

덧셈으로 바이너리 값을 계산할 수 있어.

값	128의 자리	64의 자리	32의 자리	16의 자리	8의 자리	4의 자리	2의 자리	1의 자리	
3							1	1	2+1
4						1	0	0	4+0
5						1	0	1	4+1
6						1	1	0	4+2

바이너리 수를 컴퓨터가 이해하는 방식인 '켜짐'과 '꺼짐'으로 나타낼 수도 있어.

예시: 밑이 2인 각 자릿값을 나타내는 여덟 개의 전구가 나란히 있다면, 각 전구를 켜거나 꺼서 바이너리 수를 나타낼 수 있어.

나란히 둘지어 선 여덟 개의 전구로 237을 나타내 볼까?
불이 켜진 전구는 1을, 꺼진 전구는 0을 의미해.

1 1 1 0 1 1 0 1

전구들이 나타내는 자릿값을 모두 더하면 237이야.

128 + 64 + 32 + 8 + 4 + 1 = 237

바이너리로 글자 나타내기

초기에는 컴퓨터를 수학 계산에만 사용했어. 그 뒤 글자와 기호까지 바이너리로 나타내는 방법을 개발했어.

흔히 아스키(ASCII)라고 부르는 정보 교환을 위한 미국 표준 코드 (American Standard Code For Information Interchange)는 알파벳과 기호들을 바이너리 코드로 나타내는 방식이야. 글자마다 숫자를 배정해서 바이너리로 인코딩하는 거지.

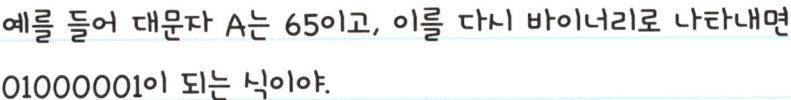

예를 들어 대문자 A는 65이고, 이를 다시 바이너리로 나타내면 01000001이 되는 식이야.

> 숫자 65와 대문자 A의 바이너리 코드는 서로 같아도 프로그램은 이 바이너리 코드가 글자인지 숫자인지 구분해서 컴퓨터에 알려 줘.

비트와 바이트

컴퓨터 저장 장치를 말할 때
'16기가바이트 메모리'나 '1테라바이트
하드디스크'라는 용어를 들어 봤을 거야.
이런 용어들은 바이너리 수의 양을 나타내.

비트는 가장 작은 저장 단위야.
1 또는 0이라는 숫자 하나를 나타내지.

그다음 큰 단위는 **바이트**야.
1바이트는 8비트를 나타내.
예를 들어 01010101은 8비트,
즉 1바이트야.

비트(bit)는
binary digit(바이너리 숫자)를
줄인 말이야.

참 귀여운 비트네!

바이트 가족

b = 비트
B = 바이트

1바이트로 나타낼 수 있는 가장 큰 수는 11111111이야.
10진수로 표현하면 255가 되지.

RGB 색을 나타내는 값이 0에서 255까지였지?
1바이트로 나타낼 수 있는 숫자들이기 때문이야.

바이트보다 더 큰 양을 나타낼 때는 바이트에 접두어를 붙여 표현해.

- 킬로바이트(KB) - 대략 1,000바이트(5쪽짜리 문서가 100KB 정도야.)

- 메가바이트(MB) - 대략 100만 바이트(오디오 파일이 몇 MB 정도야.)

- 기가바이트(GB) - 대략 10억 바이트(HD 영화 한 편이 몇 GB 정도야.)

- 테라바이트(TB) - 대략 1조 바이트(우리가 주로 사용하는 하드디스크가 1~3TB 정도야. 허블 우주 망원경은 매년 10TB의 데이터를 지구로 전송해.)

허블 우주 망원경은 최초로 우주에 쏘아 올린 망원경이야.
1990년 지구 궤도에 올렸는데 지금까지 제작된
망원경들 중 가장 커. 허블 우주 망원경은 지금도
멀리 떨어진 별과 행성들을 관측하고 있어.

알고리즘 만들기

프로그래머들은 프로그램을 만들기 전에 코드에 적용할 알고리즘, 다시 말해 단계별 리스트부터 생각해. 대개는 **슈도코드(pseudocode)**와 **순서도**를 이용해 알고리즘을 설계한 후에 프로그래밍을 시작하지.

> **순서도**
> 과정을 단계별로 나타낸 다이어그램

슈도코드

슈도코드는 프로그래머가 사용할 프로그래밍 언어와 비슷한 형식으로 작성해. 슈도코드를 어떻게 작성해야 한다는 규칙 같은 건 없어. 하지만 컴퓨터보다는 사람을 위해 작성한다는 점에 유의해야 해.

프로그래머들은 대부분 최종 프로그램에 사용할 실제 코드 형식에 맞춰 슈도코드도 작성해. 다만 슈도코드를 완벽하게 작성할 이유는 없어. 최종 프로그램에 대한 아이디어만 표현하면 되거든.

> 계획 없는 코딩은 설계도 없이 집을 짓는 것과 같아.

순서도

순서도는 알고리듬의 각 단계를 시각화할 수 있어 매우 유용해. 글을 쓰기 전에 대체적인 줄거리를 구상하는 것처럼 알고리듬의 각 단계를 구성할 때도 순서도를 사용해. 순서도는 몇 가지 기호로 나타내.

> 순서도의 기호는 저마다 의미가 있어.

이름	기호	의미
터미널	⬬ (초록 타원)	프로그램의 시작과 끝
평행사변형	▱ (보라 평행사변형)	입출력 연산
직사각형	▭ (노랑 직사각형)	수행할 과정(더하기, 빼기, 나누기 등)
마름모	◆ (노랑 마름모)	판단(또는 분기). 참과 거짓을 판단하거나 조건에 맞는 경로를 따라 갈라짐
흐름선	→	프로그램 흐름의 방향

오늘이 친구의 생일인지 판단하는 알고리듬을 작성한다면 순서도는 다음과 비슷할 거야.

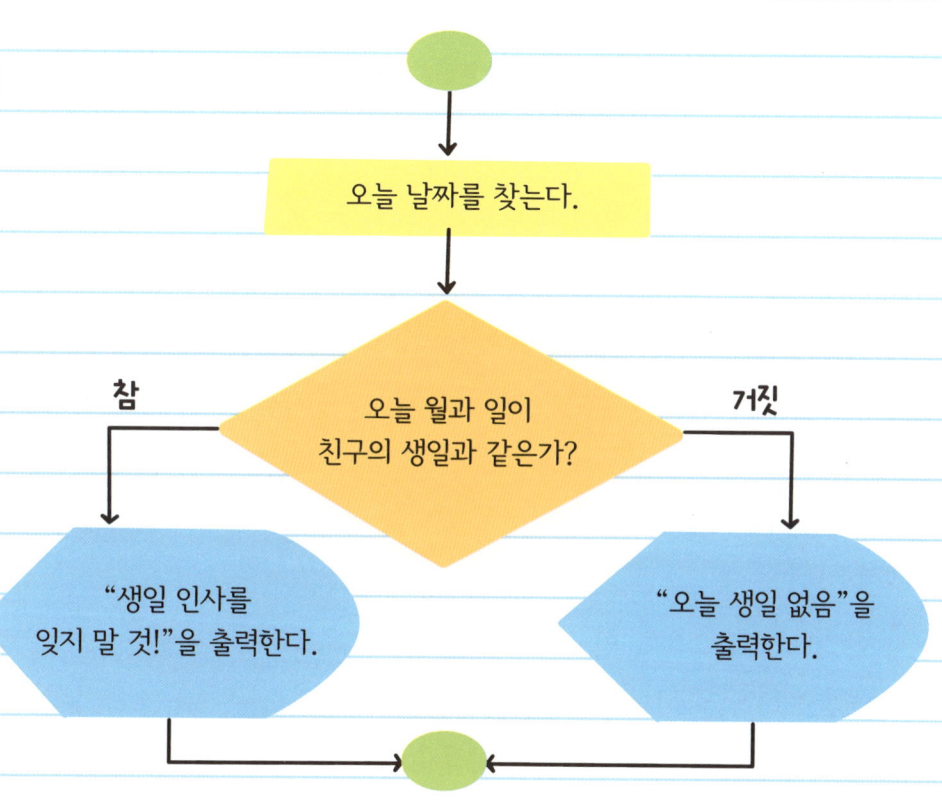

의사코드로 나타낸다면 다음과 비슷할 거야.

오늘 날짜 찾기

친구 생일의 월과 일이 오늘 날짜와 같다면,
  그렇다면 "생일 인사를 잊지 말 것!" 말하기
  그렇지 않다면 "오늘 생일 없음" 말하기

퀴즈

1. 프로그래밍 언어란 무엇일까?

2. 컴퓨터가 프로그램을 읽고 실행하기 위해서는 프로그램을 머신 코드로 변환해 줄 _____ 이(가) 필요해.

3. 머신 코드의 1과 0은 무엇을 나타낼까?

4. 프로그래밍 언어가 여러 종류인 이유는 무엇일까?

5. 한 가지 프로그래밍 언어를 배우면 다른 프로그래밍 언어를 배우기 더 쉬운 이유는 무엇일까?

6. 1바이트는 몇 비트일까?

7. "Hello, World!"를 출력하는 서로 다른 두 프로그램을 컴파일하면, "Hello, World!"를 출력하는 머신 코드도 서로 다를까?

8. 바이너리의 단위와 양을 연결해 보자.

    A. 킬로바이트(KB) •   • 1조 바이트

    B. 메가바이트(MB) •   • 10억 바이트

    C. 테라바이트(TB) •   • 100만 바이트

    D. 기가바이트(GB) •   • 1,000바이트

9. 다음 물음에 답해 보자.

    (1) 숫자 2를 바이너리로 나타내면 얼마일까?

    (2) 바이너리로 나타낸 101은 10진수로 얼마일까?

10. 코딩하기 전 프로그램을 계획하는 두 가지 방법은 무엇일까?

정답

1. 컴퓨터에 구체적으로 명령을 지시할 때 사용하는 언어이다.

2. 컴파일러

3. 켜짐과 꺼짐

4. 프로그래밍 언어마다 강점이 달라 만들 수 있는 프로그램이 다양하기 때문이다.

5. 프로그래밍 언어는 대부분 구조가 비슷하기 때문이다.

6. 8비트

7. 머신 코드는 같다.

8. A. 킬로바이트(KB) — 1,000바이트
   B. 메가바이트(MB) — 100만 바이트
   C. 테라바이트(TB) — 1조 바이트
   D. 기가바이트(GB) — 10억 바이트

9. (1) 10 (2) 5

10. 슈도코드, 순서도

비법노트 **13**장

컴퓨터과학의 목적은 컴퓨터를 이용한 문제 해결이야.

컴퓨팅 사고는 컴퓨터가 수행할 수 있는 해결책을 만들 때 적용하는 사고 과정이야.

예시: 독서 활동 보고서를 작성해야 하는 문제가 있어. 일반적인 해결책은 우선 책을 읽은 후 보고서의 전체 틀을 잡고, 읽은 내용을 바탕으로 보고서를 작성하는 거야.

컴퓨팅 사고를 적용해 이 문제를 해결한다면 어떻게 해야 할까? 우선 등장인물의 대화 횟수 데이터를 수집해 그래프로 그려. 이 그래프는 등장인물들의 관계에 대한 데이터 중심의 근거를 제공해. 이 근거를 바탕으로 보고서에 쓸 내용을 정리할 수 있어. 더 나아가 데이터 분석을 위한 프로그램을 개발할 수도 있지.

> 사람들이 실제로 사용하는 언어

깊이 파고든다면 자연어를 읽고 책을 분석해 보고서를 써 주는 인공 지능(AI) 프로그램을 만들 수도 있을 거야. 예로 든 독서 활동 보고서 작성 프로그램은 책 내용을 이해하는 데는 별 도움이 되지 않을 수 있어. 하지만 컴퓨팅 사고를 어느 정도까지 적용할 수 있는지는 잘 알 수 있지.

> 컴퓨터과학에서 인공 지능은 컴퓨터를 비롯한 각종 장치를 프로그래밍하는 강력한 도구야. 방대한 데이터를 학습해 장치들의 작동 방식을 개선할 수 있기 때문이지. 더구나 인공 지능을 바탕으로 만든 프로그램은 직접 프로그래밍으로는 할 수 없었던 예측과 결정까지 수행할 수 있어.

컴퓨팅 사고는 크게 네 가지 개념으로 구성되어 있어.

1. **분해:** 문제를 더 단순하게 쪼개기

2. **패턴 인식:** 서로 다른 문제에서 공통점 파악하기

3. **추상화:** 세부 사항을 중요한 것과 중요하지 않은 것으로 나누기

4. **알고리즘 설계:** 누구든 따라 할 수 있는 단순한 단계들로 해결책 만들기

분해

해결책을 만들기 전에 우선 문제를 속속들이 이해해야 해. 그래야 문제를 더 작게 쪼갤 수 있어. 분해는 문제를 해결하기 쉽도록 세분화하는 과정이야.

예시: 독서 활동 보고서 작성을 다음처럼 더 작고 단순한 작업들로 쪼갤 수 있어.

1. 책 읽기

2. 주요 등장인물 파악하기

3. 주제 파악하기

4. 주제 및 등장인물 사이의 관계 분석하기

5. 문제와 줄거리, 등장인물에 대해 쓰기

분해는 보고서를 어디서부터 어떻게 쓸지 파악할 때 유용해.

패턴 인식

반복되는 사건을 패턴이라고 불러. 이전에 비슷한 문제에서 어디까지 해결책을 만들었는지 인식하면 다른 작업에도 적용할 수 있는 해결책을 한결 쉽게 만들 수 있어.

예시: 독서 활동 보고서의 개요를 작성했던 형식이나 템플릿(틀)을 프로그램의 같은 과정에 포함할 수 있어. 독서 활동 보고서의 개요가 달라도 보고서를 작성하는 과정은 같기 때문이야.

추상화

추상화는 문제에서 중요한 생각에만 초점을 맞추고 해결책을 찾는 데 도움이 되지 않는 세세한 건은 무시하는 거야.

예시: 책에서 덜 중요한 정보(등장인물 사이의 대화, 일상 사건 등)보다 중요한 부분(주요 등장인물 사이의 관계, 배경, 주제 등)에 초점을 맞추면, 여러 책에 사용할 수 있는 프로그램을 만들기 쉬워. 줄거리는 달라도 주요 등장인물과 배경, 주제가 포함된 책이면 프로그램을 사용할 수 있어.

알고리즘 설계

알고리즘 설계란 매번 같은 해결책을 얻을 수 있도록 따라야 하는 단계들을 작성하는 거야. 해결책이 알고리즘에 따라 수행된다면 해결책을 재사용할 수 있겠지?

알고리즘 설계는 컴퓨팅 사고의 네 가지 개념 중 가장 중심에 있어. 분해와 패턴 인식, 추상화는 결국 알고리즘을 설계하기 위한 과정이거든.

1. 컴퓨팅 사고란 무엇일까?

2. 컴퓨팅 사고에서 재사용할 수 있는 해결책 만들기가 중요한 이유는 무엇일까?

3. 컴퓨팅 사고의 네 가지 개념 중 중심 생각에 초점을 맞추는 것은 무엇일까?

4. 컴퓨팅 사고 중 분해에 대해 말해 보자.

5. 컴퓨팅 사고의 네 가지 개념 중 가장 중심이 되는 것은 무엇일까?

정답

1. 컴퓨팅 사고는 컴퓨터가 수행할 수 있는 해결책을 만들기 위해 알고리즘을 개발하고 이를 적용하는 사고 과정이다.

2. 컴퓨터의 효율성을 높이기 때문이다. 컴퓨터는 이미 존재하는 정보나 해결책을 재사용할 수 있다.

3. 추상화

4. 문제를 해결하기 쉽도록 더 작게 쪼개는(세분화하는) 과정이다.

5. 알고리즘 설계

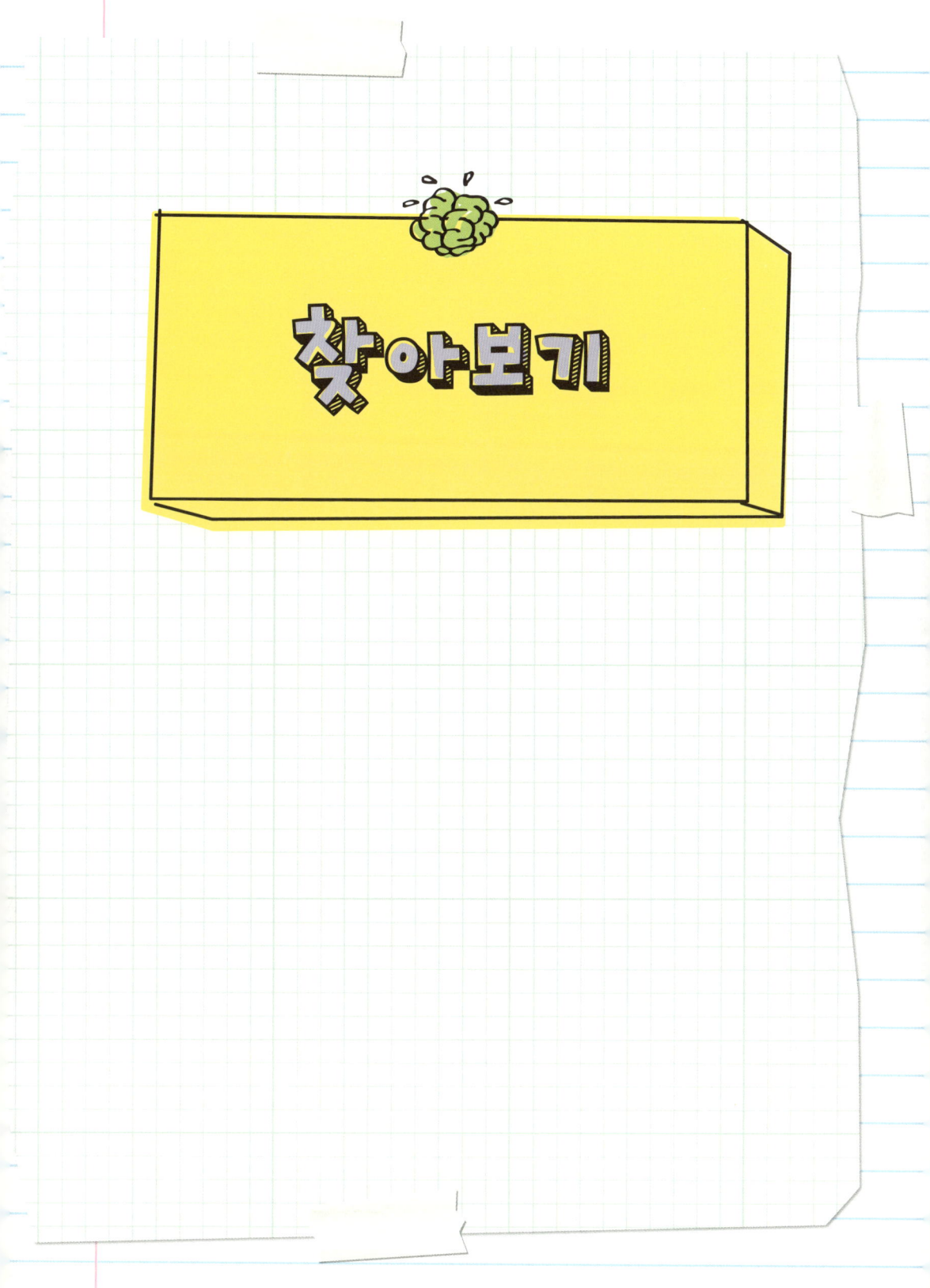

16진수 방식 54~57
C++ 122~123
CSS 56
iOS 30
PHP 122~123
README 파일 89~92, 105~106
RGB 방식 54~57, 133
USB 플래시 드라이브 26

ㄱ

개방형 질문 65
개선하기 77
게임 개발자 29
계산자 22
공학 74
공학 설계 과정 74~77
관찰 66
귀가 불편한 사용자 36
그래프 67~69
그래픽 사용자 인터페이스 36
그래픽 처리 장치 27
그레이스 호퍼 127
기가바이트 134
길잡이 104

ㄴ

네트워크 16
눈이 불편한 사용자 36~37

ㄷ

데이터 16, 28, 49~56, 67~69
데이터 인코딩 53~57
데이터 인코딩 방식 53~54
디버깅 프로그램 37~88
디코딩 정보 53

ㄹ

라이다 48
라이브러리 107
램 26
레이다 48
루비 124

ㅁ

마이크로비트 78
막대그래프 68
머신 코드 126~127
메가바이트 134
메이키 메이키 78
면접 64
명령행 인터페이스 36
모바일 개발자 29
모스 부호 53
문서화하기 89~92
문제 파악하기 75~76
문제 해결하기 37~39
문제를 추적하기 위한 다이어그램 38
미리 만들어 둔 함수 107
밑이 10 128
밑이 2 128

ㅂ

바이너리 코드 54, 125~132
바이너리의 자릿값 129
바이트 133~134
방어적 프로그래밍 81~84
백엔드 언어 124~125
베타테스트 97~98
분석 16
분해 143~144
비트 133

ㅅ

사용 사례 82~83
사용성 96
사용자 인터페이스 35
사용자 중심 설계 95~96
색 인코딩 54~56
생산자(크리에이터) 12
선그래프 68
선다형 질문 65
설문 64~66
소비자 12
소셜 미디어 앱 47~48
소프트웨어 24, 29~31, 39
수 128~131
순서도 136~137
슈도코드 135
스마트폰 23
스캐너 54~55
스크린 리더 37
시스템 소프트웨어 30~31

ㅇ

아두이노 78
알고리즘 114~118, 135~137
알고리즘 설계 143, 145
알파테스트 97
애플 II 23
양의 정수 85
언어 123~127
에니악 22~23
에이다 러브레이스 119~120

외판원 문제 116
운영 체제 30
운전자 104
원그래프 69
웹 개발자 29
웹 사이트 123~124
웹 페이지 123
윈도 30
유리수 85
음의 정수 85
응답 데이터의 컴퓨터 처리 64
인간-컴퓨터 상호 작용 35~37
인구 통계 데이터 67
인용 107
인터넷 16
일반 텍스트 형식의 README 파일 91
입력 25, 28
입력 데이터 50~51

ㅈ

자바스크립트 123~124
자신의 강점에 집중하라 102
자연어 142
자율 주행차 48
재표현 107
저작자 표시 105~107
저장 장치 26
전기 회로 125
접근성 96
정보 49~50, 53, 63~69
정보 교환을 위한 미국 표준 코드(ASCII) 132
정보 저장하기 46~57
정보 처리기 47
정보화 시대 46~47

주석 89~91, 105~106
주석으로 처리하기 90
주판 21
중앙 처리 장치 27
지도 앱 47
짝 프로그래밍 104

차트 67
찰스 배비지 119
처리 장치 26~27
천공 카드 120
체계적인 단계별 접근 방식으로 문제 해결하기 37
추상화 143, 145
출력 장치 28
출력 데이터 50~52

ㅋ

커뮤니티에서 도움 얻기 105~107
컴파일 126
컴파일러 127
컴퓨터 10~11, 21~31, 35~37
컴퓨터 기술의 이용 11
컴퓨터 시스템 10, 14
컴퓨터 시스템 설계하기 74~78
컴퓨터과학 10~17
컴퓨터과학자들의 노력 12
컴퓨터의 영향력 17
컴퓨터의 정의 10
컴퓨팅 사고 141~145
코드 52, 125~127
콜로서스 마크 1 22
킬로바이트 134

ㅌ

터치스크린 28
테라바이트 134
테스트 사례 83~84
테스트하기 77, 81~83
팀으로 작업하기 101~103

ㅍ

파이썬 117~118, 123~125
패턴 인식 143~144
페이스북을 위한 프로그래밍 언어 124
평점형 질문 65
프로그래밍 14~15, 81~84, 104, 117~118
프로그래밍 언어 117, 123~127
프로그래밍의 시작 119~120
프로그램 14, 24~25, 116~118
프론트엔드 언어 124
피드백 수집하기 97~98

ㅎ

하드웨어 24~28, 31
함수 107
해석 기관 119
허블 우주 망원경 134
협업하기 101~107
홀러리스 천공 계산기 67
효율적 63

옮김 배장열

교육용 앱과 새로운 형식의 전자책을 개발하는 iOS, 안드로이드 개발자입니다. 그간 쌓은 강의와 개발 경험을 토대로 독자들에게 좋은 책을 소개하는 일에도 노력을 다하고 있습니다. 옮긴 책으로는 『초등 놀이 코딩』『코딩 어드벤처 1~4』『20 코딩 게임 with 스크래치』『마인크래프트로 배우는 파이썬 프로그래밍』 등이 있습니다. 『코딩천재의 비법노트』에 대해 궁금하신 점은 justdoit709@gmail.com으로 보내 주시기 바랍니다.

코딩천재의 비법노트: 1단계-컴퓨터 시스템·데이터 분석

초판 1쇄 펴낸날 2021년 12월 20일
초판 2쇄 펴낸날 2022년 7월 18일

글 브레인 퀘스트
옮김 배장열
펴낸이 홍지연

편집 홍소연 고영완 전희선 조어진 서경민
디자인 전나리 박해연
마케팅 강점원 최은 이희연
경영지원 정상희

펴낸곳 (주)우리학교
출판등록 제313-2009-26호(2009년 1월 5일)
주소 03992 서울시 마포구 동교로23길 32 2층
전화 02-6012-6094
팩스 02-6012-6092
홈페이지 www.woorischool.co.kr
이메일 woorischool@naver.com

ISBN 979-11-6755-028-6(73400)

• 책값은 뒤표지에 적혀 있습니다.
• 잘못된 책은 구입한 곳에서 바꾸어 드립니다.